ÉCOQUARTIERS EN EUROPE

Ma ville Ma planète

REMERCIEMENTS

à Hubert Burdenski et Marleen Kaptein pour leur temps et leur patience,
à Karl Viridén et Andreas Büsser pour leur confiance,
aux membres de l'association Negawatt,
à Marie-Thérèse et Michel Séguier.

Conception graphique et réalisation : manipages
Couverture : manipages
Photographies : Philippe Bovet, sauf page 17 : EVA Lanxmeer, et page 141 (martin-pêcheur) : Jandrik Kievit.
Photogravure : C'limage, Saint-Martin-le-Vinoux (38)

Isbn : 978-2-914717-58-8

Depuis 1979, **Terre vivante** vous fait partager ses expériences en matière d'écologie pratique au quotidien : jardinage biologique, alimentation saine, bien-être, santé, habitat écologique... à travers :
- l'édition de livres pratiques,
- le magazine *Les 4 Saisons du jardin bio*,
- un Centre écologique de découvertes et d'expérimentations ouvert au public en Isère,
- un portail internet : www.terrevivante.org

Le catalogue des ouvrages publiés par **Terre vivante** est disponible sur simple demande et sur internet.

Terre vivante, domaine de Raud, 38710 Mens
Tél. : 04 76 34 80 80 - fax : 04 76 34 84 02. Email : info@terrevivante.org
www.terrevivante.org

Philippe Bovet
Ce livre a été écrit en collaboration avec Nadia Jeanvoine, journaliste

ÉCOQUARTIERS EN EUROPE

terre vivante

Bakfiets.nl

SOMMAIRE

INTRODUCTION

Ce que l'on dénomme aujourd'hui «écoquartier» est pensé en opposition à l'urbanisme des années 1980 et 1990, qui ne tenait pas compte des thématiques écologiques et donnait la priorité aux transports individuels, et où les notions d'économies d'énergie et de matériaux sains étaient inexistantes. La récente prise en compte des questions environnementales alliée aux progrès en matière d'énergies renouvelables permet désormais la réalisation d'un habitat différent et plus qualitatif.

Les années 1970 ont vu des tentatives d'écoquartiers se développer en France et à l'étranger, mais elles n'étaient peut-être pas les premières. Certaines cités ouvrières au confort de vie en avance sur leur temps et leurs jardins potagers n'étaient-elles pas les écoquartiers de l'époque ? Le Familistère de Guise, construit par l'industriel Jean-Baptiste Godin vers le milieu du XIXe siècle, en est un exemple. Il comprenait, outre des habitations, une piscine, un économat, des écoles et un théâtre. À sa façon, avec des services à disposition, le Familistère était une sorte d'écoquartier.

Beaucoup plus tard et sur un autre continent, le Village Homes de Davis[1], en Californie, fait partie des premiers lotissements solaires. La majorité des 240 unités d'habitation sont équipées en énergie solaire et construites dans un quartier où sont privilégiés les déplacements à pied et à vélo. Réalisé entre 1975 et 1981 près du centre-ville, ce lotissement, qui inclut des jardins potagers et des vergers communs, se voulait être une réponse écologique au mode de vie américain dans lequel il existe peu d'alternatives aux allées et venues en voiture entre les supermarchés, le travail et l'habitat.

On aurait pu citer d'autres exemples à travers le monde, qui ont influencé des réalisations plus récentes, mais l'objectif de cet ouvrage n'est pas de recenser tous les écoquartiers existants. Il est de faire connaître les initiatives personnelles à l'origine d'écoquartiers, en souhaitant qu'elles puissent servir de modèles. Ces personnes n'étaient pas forcément des spécialistes des questions liées à l'environnement, mais elles se sont regroupées, documentées, ont effectué des visites et ont imposé leurs exigences sur la base des informations fiables qu'elles avaient recueillies.

On ne saurait trop recommander les visites des deux écoquartiers proches de nos frontières que sont BedZED[2] au sud de Londres et Vauban[3] à Fribourg-en-Brisgau, une ville allemande située à une cinquantaine de kilomètres de

Colmar. Ces deux exemples d'écoquartiers font partie des plus parlants. Le quartier Vauban a la chance de réunir de multiples éléments qui permettent au novice de mieux comprendre la réalité de l'écoquartier. D'une esthétique simple, Vauban montre au visiteur qu'il est possible de vivre dans un habitat écologique moderne complètement intégré dans la ville et qui ne cherche pas à s'en démarquer.

En matière d'écoquartiers français, les effets d'annonce sont nombreux et un peu de vigilance n'est pas superflue. Il est aujourd'hui porteur pour un élu d'avoir dans ses cartons un projet dit d'écoquartier, mais à y regarder de plus près, rares sont ceux qui sont vraiment pertinents. On peut le regretter ou s'en réjouir, l'environnement est aujourd'hui à la mode et, comme toute question à la mode, l'emballage compte parfois plus que le contenu.

1. À propos du Village Homes de Davis, Californie : www.villagehomesdavis.org ou http://old.rmi.org/sitepages/pid209.php

2. Pour visiter BedZED : www.bioregional.com/programme_projects/ecohous_prog/bedzed/bedzed_hpg.htm puis «visitor centre/tours» (site en anglais, visites possibles en français).

3. Pour visiter les écoquartiers de Fribourg-en-Brisgau : www.freiburg-futour.de (en français).

1 Principes fondamentaux des écoquartiers

Aujourd'hui, toutes nos actions quotidiennes sont fondées sur la grande disponibilité d'une énergie bon marché, sur l'origine de laquelle nous ne nous interrogeons que trop rarement. Nous savons que la ressource est limitée, liée à un contexte géopolitique délicat, et que sa production engendre des pollutions importantes.

La démarche Négawatt

La croissance est vue comme le moteur de notre économie et le secteur de l'énergie ne fait pas exception à cette règle. Le gouvernement planifie pour 2050 une augmentation substantielle de la demande énergétique. Pourtant, certains spécialistes de ce secteur regroupés au sein de l'association Négawatt (Nw) démontrent que l'on peut satisfaire nos besoins avec moins d'énergie et abandonner l'énergie nucléaire.

Le scénario Nw publié en 2003 et réactualisé en 2006 repose sur le triptyque sobriété, efficacité et énergies renouvelables qui se décline pour chacun de nos besoins énergétiques (électricité, mobilité et chaleur).

La **sobriété** consiste à endiguer les gaspillages par des actes simples, comme prendre un vélo pour effectuer des déplacements courts, développer les transports en commun et le covoiturage, supprimer les éclairages inutiles, privilégier les aliments de saison et les produits locaux.

L'**efficacité** fait appel aux progrès techniques, comme les voitures hybrides ou l'électroménager de classe A, et permet de réduire de 2 à 5 fois nos consommations d'énergie et de matières premières.

Enfin, les **énergies renouvelables** sont développées pour répondre à la demande restante.

Le scénario Nw souligne que ces trois éléments sont complémentaires et indissociables : promouvoir l'un sans se soucier des autres n'a pas de sens.

Jadis, les lieux d'habitation n'étaient pas choisis par hasard : énergie et territoire constituaient un lien fort. Ainsi, les monastères s'implantaient à proximité de l'eau et d'une forêt, les sources d'énergie de l'époque. L'arrivée abondante du charbon et du pétrole, des sources d'énergie transportables et bon marché, a cassé cette dépendance au territoire et remis en cause des siècles de développement urbain. Désormais, grâce à la voiture, le domicile peut être loin du lieu de travail.

Mais ce schéma entraîne de fortes dépenses énergétiques et doit être remis en cause. Le scénario Négawatt (voir page ci-contre) montre que cela est tout à fait possible et que des solutions pour habiter différemment existent. L'habitat de demain ne peut plus faire l'impasse sur les questions énergétiques, environnementales et sociales. Certains arrivent à résoudre ces thématiques dans des schémas de construction différents. Ces réflexions donnent naissance à des quartiers qui privilégient les espaces verts, la présence de l'eau et une moindre place accordée à la voiture.

Surcoût ou surinvestissement ?

Lorsqu'il est question des dépenses liées à l'isolation et à l'installation des énergies renouvelables, celles-ci sont souvent considérées comme des surcoûts et entraînent des réticences. Il faut cependant souligner que ces sommes investies se récupèrent après quelques années par les économies d'énergie réalisées. L'absence d'une grosse facture annuelle de fioul en est une preuve flagrante. Par ailleurs, peu de gens rechignent à certaines dépenses considérées comme normales, telle la construction de places de parking en sous-sol qui peut coûter de 10 000 à 15 000 euros l'unité.

Forte présence de la nature, quasi absence de voitures, production alimentaire locale… l'écoquartier de Culemborg, aux Pays-Bas, est un des plus aboutis d'Europe.

Transport et logement social : un exemple à imiter

Aujourd'hui, les constructions de logements sociaux allemands ne sont plus subventionnées si des transports en commun (TC) ne sont pas présents à proximité du projet. Certaines municipalités offrent aux occupants d'un logement social neuf une carte d'abonnement gratuite aux TC pour une durée de deux à cinq ans, afin que de bonnes habitudes soient prises dès l'emménagement. Posséder une voiture représente un coût important, et pour les ménages les plus modestes, pouvoir s'en dispenser est une source d'économie appréciable. D'où l'importance de mettre en place des transports en commun efficaces.

Les divers exemples d'écoquartiers présentés dans ce livre sont tous issus d'une réflexion environnementale et d'un travail collectif. Un écoquartier, neuf ou rénové, se conçoit sur la base d'un partenariat large auquel participent en général trois partenaires : des pouvoirs publics (une municipalité), des représentants du secteur du bâtiment (un cabinet d'architectes, une société d'économie mixte, un promoteur motivé) et des habitants potentiels (une association de quartier, un regroupement de personnes intéressées). Une vaste concertation doit se mettre en place pour que les trois parties travaillent à la réalisation d'un projet économe en énergie, bien desservi par les transports en commun et implanté sur un site qui mélange habitat, travail et commerces. Les discussions se doivent d'être ouvertes, afin que chaque partie y trouve son compte : les instances politiques s'investissent dans un projet électoralement porteur, le promoteur commercialise un produit qui se vend bien et qui correspond à une réelle demande. L'idée est de créer un quartier qui se rapproche le plus possible d'un idéal de cadre de vie souhaité par les habitants.

Concilier écologie et économie

Notre mode de vie émet du CO_2 et d'autres polluants, à travers les quatre groupes de besoins que sont le logement, les transports, l'alimentation et les déchets. Un logement bien pensé permet d'abaisser ses émissions dans ce domaine, mais aussi sur les trois autres postes. C'est là qu'intervient la pertinence de l'habitat écologique.

Cet habitat doit s'implanter près des réseaux de transports en commun, favoriser la circulation à vélo et proposer un parc de voitures partagées. Il doit être construit selon des règles utilisées pendant des siècles sur nombre de bâtiments ruraux et connues sous le nom d'« architecture bioclimatique ». Remise au goût du jour et

Favoriser l'accès aux transports en commun et le recours au vélo doivent faire partie intégrante d'un projet d'écoquartier.

modernisée, elle lui permet ainsi d'être sobre en énergie. Sa construction ou rénovation sera réalisée à partir de matériaux propres provenant de sites de production proches et à faible énergie grise (voir page suivante) et utilisera au maximum ce qui est disponible sur place, comme l'énergie solaire ou l'eau de pluie. Cet habitat offrira la possibilité de réaliser son jardin potager, d'acheter de l'alimentation à des producteurs locaux et de composter ses déchets, autant d'actes simples qui limitent les transports liés aux livraisons ou à l'évacuation des poubelles.

Joule ou kWh ?

En France, les consommations énergétiques des bâtiments sont exprimées en kWh/m²/an. Elles devraient être exprimées en joules ou en mégajoules, comme chez la plupart de nos voisins européens. 1 Wh correspond à une puissance de 1 watt appliquée pendant 1 heure ou 3 600 secondes. Le joule est équivalent, mais s'applique à la seconde. 1 kWh = 3 600 000 J = 3,6 MJ.

L'exemple de l'habitat passif

Les progrès réalisés récemment en matière d'économie d'énergie dans l'habitat sont le résultat des recherches faites sur la maison passive. Le terme « passif » signifie que la conception même du bâti permet de recueillir et de stocker la chaleur émise par le soleil. Une construction aux normes passives exige un maximum de 15 kWh/m²/an pour ses besoins en chauffage, soit six à sept fois moins qu'une construction neuve qui respecte la réglementation thermique (RT) française[1]. C'est à la fin des années 1980 que se développent en Allemagne les recherches sur ce type de construction. Un premier bâtiment passif de quatre logements à usage d'habitation est construit à Darmstadt, sous l'égide du Passivhaus Institut, la structure à l'origine de ce savoir-faire et qui, aujourd'hui, gère sa diffusion. Terminé en 1991, ce bâtiment est à la fois un lieu de vie et un objet d'études qui permet aux chercheurs de se confronter au quotidien des habitants.

Au cours de l'hiver 1991-1992, les besoins en chauffage sont de 19,8 kWh/m²/an, mais après quelques aménagements, ce chiffre descend à 11,8 kWh/m²/an. Les chercheurs se rendent donc compte que l'on peut diminuer de façon drastique les besoins en chauffage et fortement économiser sur les autres postes que sont les besoins en eau chaude et en électricité, tout en vivant dans un lieu de qualité.

Au départ, les chercheurs, qui n'étaient pas sûrs de leur première réalisation, ont équipé le bâtiment d'un chauffage central. Ils constatent cependant que du fait de la ventilation mécanique contrôlée (VMC) double flux (voir définition page 45), la chaleur se distribue équitablement à travers les pièces et y reste, grâce à l'isolation. Les productions internes de chaleur (électroménager, hi-fi, ordinateurs, cuisine, température humaine...)

L'énergie finale

Toutes les consommations énergétiques indiquées dans cet ouvrage le sont en **énergie finale** : l'énergie consommée et payée par l'utilisateur. Pour information, les chiffres de consommation peuvent également être donnés en **énergie primaire**. Ils indiquent alors la quantité d'énergie prélevée dans la nature (pétrole, gaz, uranium, charbon, bois...) nécessaire à la production de l'énergie finale. La différence entre les énergies primaire et finale tient compte du rendement des installations de production et de distribution.

> **Les cinq conditions pour la réalisation d'un bâtiment passif**
>
> Les éléments qui suivent sont à prendre en compte pour la réalisation d'un bâtiment passif :
>
> - une très bonne isolation de l'ensemble du bâtiment, avec une épaisseur de 25 à 35 cm pour l'isolation extérieure ;
> - de bonnes fenêtres triple vitrage ;
> - une orientation du bâtiment favorable à la captation de l'énergie solaire passive et de grandes baies vitrées orientées au sud ;
> - une VMC (ventilation mécanique contrôlée) double flux avec récupération de chaleur avec un rendement d'au moins 75 % ;
> - du solaire thermique pour les besoins en eau chaude sanitaire.
>
> Les principes passifs s'appliquent aussi à la rénovation.

contribuent aussi à chauffer ou à préchauffer les volumes. À Darmstadt, les appartements peuvent donc fonctionner sans chauffage central, et en cas de grand froid, un unique poêle à bois suffit à rendre un appartement agréable.

En plus des aménagements réalisés en matière d'isolation et de chauffage, l'immeuble est équipé de panneaux solaires thermiques, afin de diminuer les besoins en énergie fossile liés à la production d'eau chaude sanitaire. L'ensemble de la tuyauterie est parfaitement isolé, les lampes sont des modèles basse consommation, l'électroménager est très économe en énergie et la machine à laver est alimentée en eau chaude solaire.

Suite à ce premier succès, la Commission européenne lance le programme Cepheus (Cost Efficient Passive Houses as European Standards[2]), qui alloue des crédits à la construction, entre 1998 et 2001, pour 250 unités d'habitations passives dans cinq pays d'Europe[3]. De leur côté, les bailleurs sociaux allemands comprennent que de telles réalisations engendreront de faibles factures pour leurs locataires et passent commande de bâtiments collectifs passifs.

Au fil des dernières années, le Passivhaus Institut a montré que l'habitat passif est applicable à tous les climats. Cette technique est parfaitement adaptable au sud de l'Europe, mais nécessite quelques adaptations par rapport à la réalisation de Darmstadt, conçue pour le climat allemand. Elle permet d'éviter la climatisation en été et le chauffage central pour les quelques très froides semaines d'hiver.

Prise en compte de l'énergie grise des bâtiments

Un autre type d'économie peut s'ajouter à la réalisation d'un bâtiment, celle de l'énergie grise, qui est en fait la dépense énergétique liée à la fabrication et aux transports des matériaux. Pour diminuer l'impact écologique d'une construction, il est donc important d'utiliser des matériaux fabriqués localement et qui exigent peu d'énergie pour leur transformation.

À Fribourg, des tours du centre-ville ont été rénovées et intègrent du photovoltaïque sur une partie de leurs façades.
En fond, trois des sept éoliennes de 2 MW qui surplombent la ville.

Les scénarios 100 % énergies renouvelables

Le potentiel des énergies renouvelables (ER) est gigantesque – le sujet génère différentes études depuis trente ans. En 1978, des scientifiques français regroupés sous le nom Le Groupe de Bellevue ont montré dans le rapport *Alter* comment la France pouvait subvenir à l'intégralité de ses besoins grâce aux énergies renouvelables, transports compris. En 1980, le président américain Jimmy Carter a commandé le rapport *Energy and Defense Project* qui prévoyait pour 2050 un approvisionnement uniquement renouvelable des États-Unis. En 2003, l'institut allemand Isusi (Institute for Sustainable Solutions and Innovations) a démontré dans son rapport *Energy Rich Japan* que le Japon pouvait fonctionner uniquement avec des énergies propres. Avec dans un premier temps, la nécessité de réduire ses gaspillages énergétiques, afin de diminuer de moitié sa consommation. Ensuite, la combinaison des énergies renouvelables est là pour répondre à la demande toute l'année : l'hydraulique, la géothermie dont la production est constante, l'éolien et le solaire par intermittence, mais dont les productions sont stockées, ainsi que la biomasse (combustion de bois, production de biogaz) dans des centrales de cogénération[4]. Il ressort de cette étude que l'un des pays les plus développés du monde peut se passer des énergies fossiles sans restructurer fondamentalement son mode de vie ou ses productions industrielles, le tout à un coût acceptable pour la société.

En 2005, l'architecte Jorg Schneider et l'université technique de Vienne ont réalisé en Autriche un bâtiment passif à usage de bureaux à partir de bottes de paille, de bois, de pierre et d'argile. L'énergie grise de cette construction est très faible, car les matériaux nécessaires au chantier ont parcouru au maximum 100 kilomètres pour le bois, quelques kilomètres pour les pierres, la paille provenant d'un champ voisin et l'argile étant extraite du sol du chantier.

L'énergie nécessaire à la construction de ce bâtiment a été d'environ 1/10e de celle d'une construction classique. Les seuls matériaux non renouvelables sont le verre des vitres, une feuille de polypropylène intégrée au toit, du béton recyclé pour fixer au sol les piliers de la structure en bois, la tuyauterie et une partie des sanitaires. À l'intérieur, le bois est utilisé du sol au plafond, pour les conduits de la VMC ou les sanitaires. Les câbles électriques sont posés en forme d'étoile à partir du centre du bâtiment au lieu d'être posés le long des murs, ce qui permet de réduire de 20 % la quantité utilisée. En fin de vie, ce bâtiment passif peut, à quelques matériaux près, être broyé et éparpillé sur son champ. Le principe de construction de ce bâtiment baptisé S-House (avec un S comme Stroh, qui signifie paille en allemand) peut s'appliquer à des logements.

Les exemples – essentiellement étrangers – pris dans ce livre, montrent que l'on peut vivre différemment et que nous avons tout à y gagner. En tirant les leçons des succès des autres pour s'y convertir soi-même.

Le quartier Eva Lanxmeer (voir page 81), à Culemborg, aux Pays-Bas, est l'un des écoquartiers les plus aboutis d'Europe.

Pour en savoir plus

- Sur la maison passive
  > www.lamaisonpassive.fr,
  > www.passiv.de
  > www.passivhaus-vauban.de
- Sur la S-House : www.s-house.at
- Sur le scénario Négawatt : www.negawatt.org
- Sur les scénarios 100 % ER : www.isusi.de

1. En moyenne nationale, la RT2000 fixe la limite de la consommation en chauffage à 100 kWh/m²/an. La RT2005 place la barre à 85. Le respect de cette norme est rare, car la qualité et la quantité de l'isolation posée ne sont pas vérifiées et les manquements jamais sanctionnés.
2. Bâtiments passifs abordables comme références européennes.
3. À Rennes, la construction de la résidence Salvatierra a bénéficié de ces crédits européens.
4. La cogénération consiste à fabriquer de l'électricité, mais contrairement aux centrales classiques, elle utilise la chaleur générée au cours de cette fabrication pour produire de l'eau chaude. Cette double production offre d'excellents rendements (de 70 à 80 %) par rapport aux centrales classiques (35 % de rendement).

INTERVIEW

2

Hubert Burdenski
Le pape des *Baugruppen*

L'architecte Hubert Burdenski, à côté d'une ancienne « boîte à lettres automobile » (Autobriefkasten), dont le nom a été rayé au profit de « boîte à lettres pour vélo » (Fahrradbriefkasten). Un signe de l'évolution des mœurs. . .à Fribourg en tout cas !

La Solar Fabrik, évoquée page suivante, fonctionne uniquement avec des énergies renouvelables et intègre du photovoltaïque en façade.

La maison à énergie positive

Ce type de bâtiment produit plus d'énergie qu'il n'en consomme et renvoie sa surproduction sur le réseau. Il s'agit en général d'un bâtiment neuf construit aux normes passives et dont le toit est couvert de panneaux photovoltaïques. La Solarsiedlung de Fribourg-en-Brisgau est l'une des constructions les plus connues en la matière.

Lorsqu'en Allemagne, des particuliers souhaitent faire construire collectivement avec l'aide d'un architecte, sans passer par un promoteur, ils créent une association de futurs propriétaires appelée Baugruppe. *Ils s'investissent ainsi dans leur projet en prenant en charge certaines démarches administratives, tout en étant supervisés par le cabinet d'architectes choisi. Au final, l'immeuble est vraiment celui de ses habitants et coûte 15 à 25 % moins cher que la réalisation d'un promoteur.*

L'un des meilleurs spécialistes des *Baugruppen* se trouve à Fribourg-en-Brisgau. Hubert Burdenski, architecte, a travaillé, ainsi que son associé Rolf Amann, avec une cinquantaine de ces groupes en Allemagne et en Suisse. À 54 ans, il ne se lasse jamais de ce travail de fourmi qu'est l'animation des réunions de *Baugruppen*. Parti vivre à Berlin à l'âge de 19 ans après une enfance passée à Schönau, non loin de Fribourg, il y a passé son bac en cours du soir, entrepris des études d'architecte et accompli ses premières rénovations, avant de retourner

Une publicité de la compagnie de transports de Fribourg VAG. Le slogan dit à la fois que le tram remplace la voiture (statt Auto) et qu'il est la voiture de la ville (Stadtauto).

à Fribourg, quatorze ans plus tard. Il est de ceux qui ont fait de cette ville du sud-ouest de l'Allemagne un modèle de réflexion énergétique, environnementale et sociale, et son cabinet a été maintes fois récompensé pour ses réalisations. Hubert Burdenski a souvent eu l'occasion de s'entretenir avec Rolf Dish, l'architecte qui a construit la Solarsiedlung, une série de bâtiments à énergie positive. Ainsi qu'avec Georg Salvamoser, fondateur de la Solar Fabrik, usine de panneaux photovoltaïques à Fribourg qui fonctionne uniquement avec des énergies renouvelables et dont le bâtiment est un modèle d'utilisation de l'énergie solaire. Ces entrepreneurs avaient une vingtaine d'années en 1975, lorsque étudiants, paysans, associations de femmes et vignerons ont remis en cause le projet d'une centrale nucléaire à Wyhl am Kaiserstuhl, à 30 kilomètres de Fribourg. On les accusait caricaturalement de vouloir revenir à la bougie ; en quelques décennies, ils ont montré qu'il existait d'autres choix énergétiques sans pour autant renoncer au confort moderne et ils ont su rendre les alternatives crédibles.

Comment en êtes-vous venu à vous intéresser aux *Baugruppen* ?

Hubert Burdenski : Tout a commencé dans les années 1980 pendant mes études d'architecture que je faisais à Berlin. À l'époque, la ville comptait de nombreux squats et je logeais dans l'un d'eux, un vaste immeuble qui comprenait 4 escaliers et abritait 80 squatters. Nous étions très organisés. Une fois par semaine, nous avions une réunion par escalier, et une fois par mois, la réunion de tout l'immeuble afin de discuter des travaux à faire. Comme j'étais l'« architecte », on m'a confié l'organisation des débats. À l'époque, le Sénat de Berlin proposait des aides à la rénovation du vieux parc immobilier de la ville, aides qui atteignaient 80 % du montant des travaux. Il fallait pour cela passer un contrat sur vingt ans avec le propriétaire de l'immeuble, en l'occurrence la société immobilière Neue Heimat. Ce que nous avons fait en 1981. Nous avons construit des terrasses, aménagé des combles, conçu nous-mêmes des panneaux solaires thermiques et des murs Trombe qui accumulent la chaleur, tout en respectant le code de l'urbanisme local. Cette vie en commun a été pour moi riche de beaucoup d'enseignements.

Cet immeuble existe-t-il toujours ?

Bien sûr. Il m'arrive d'y repasser. En 2001, un nouveau contrat de vingt ans a été signé avec la société Neue Heimat et aujourd'hui encore, 30 % des occupants sont des gens que j'ai connus. C'est beaucoup, compte tenu des énormes bouleversements qu'a connus Berlin. L'endroit est central, les loyers ne sont pas chers pour une capitale et surtout, l'immeuble est confortable.

Pourquoi êtes-vous revenu à Fribourg ?

Une fois mes études d'architecte terminées, je voulais continuer dans la voie du travail de groupe, mais dans le neuf. Comme à Berlin je ne pouvais que rénover, je suis retourné à Fribourg en 1987, pour me mettre à mon compte et plus tard m'associer à Rolf Amann. Parfois, des amis me demandaient de les conseiller dans l'achat d'un appartement et je constatais les nombreux défauts de ces constructions : trop sombres, sans balcon, trop chères… Comme à la même époque, la ville planifiait le nouveau quartier de Rieselfeld, l'idée m'est alors venue de regrouper des personnes en quête d'achat de logement et de concevoir ensemble un bâtiment. En 1994, j'ai présenté mon projet communautaire à des responsables municipaux de la mairie de Fribourg qui m'ont rapidement proposé un terrain. Une réunion publique a suivi, attirant beaucoup de monde. Je me suis alors rendu compte du potentiel qui existait pour les *Baugruppen*.

La Maison Bleue de Rieselfeld a-t-elle été la toute première initiative de bâtiment communautaire de Fribourg ?

Pas tout à fait : auparavant, l'architecte Reiner Probst avait construit trois pavillons pour un groupe de propriétaires. Mais il n'y avait jamais eu d'appartements bâtis selon ce principe, pas même à Tübingen, autre ville du Bade-Wurtemberg active dans ce secteur. À Rieselfeld, nous avons enchaîné la construction de trois immeubles pour des *Baugruppen*, et lorsqu'il a été question de la rénovation du quartier Vauban, notre expérience a été mise à contribution. La ville a facilité l'obtention des terrains et d'autres architectes ont, à leur tour, constitué des *Baugruppen*.

Cet immeuble « passoire » de Fribourg, construit dans les années 1960, a été rénové : les balcons ont été transformés en jardins d'hiver et des panneaux photovoltaïques ont été posés sur une façade borgne bien orientée.

À proximité de Fribourg, la ferme-auberge *Rappenecker Hütte* utilise la complémentarité des énergies renouvelables pour répondre à la totalité de ses besoins (biomasse, éolien, solaire et pile à combustible).

Il y a plus de Baugruppen à Rieselfeld qu'à Vauban. Pourquoi ?

Jusqu'au milieu des années 1990, aucun promoteur ne voulait investir à Rieselfeld, quartier dont le nom signifie champ d'épandage, ce qui n'est pas très positif. C'est seulement lorsque les premières *Baugruppen* se sont mises en place que les promoteurs se sont décidés à y venir, notamment grâce à des fonds pour le développement du logement social, encore disponibles à l'époque. Rieselfeld est, de ce fait, plus social que Vauban où vivent plus d'enseignants, de professeurs d'université ou de professions libérales, qui habitent bien souvent des maisons individuelles accolées.

Avez-vous participé à d'autres projets innovants, à Fribourg ou ailleurs ?

J'ai toujours travaillé avec des gens qui s'intéressent à l'énergie solaire. D'ailleurs, tous les projets réalisés par mon cabinet sont économes en énergie. Ils sont souvent aux normes passives et intègrent notamment du solaire photovoltaïque et du thermique, des techniques qui font presque partie du standard. Elles sont aujourd'hui faciles à mettre en œuvre, car elles sont disponibles sur le marché. Il y a vingt ans, il n'y avait pas de bonnes fenêtres et il fallait se donner du mal pour obtenir de bons panneaux solaires. Mais les membres des *Baugruppen* ont toujours été volontaires pour innover et construire avec des standards écologiques et énergétiques modernes.

Qu'est-ce qui vous a motivé à vous intéresser à ces questions ?

Je suis issu d'une famille ouvrière modeste qui avait du mal à boucler ses fins de mois et qui ne gaspillait ni l'eau ni l'électricité. Aujourd'hui encore, tout type de gaspillage me choque. À Berlin, nous nous battions contre les pratiques de la société immobilière Neue Heimat qui sabotait délibérément des immeubles, afin d'en faire partir les locataires. Elle provoquait des fuites d'eau pour que des moisissures s'installent et faisait couper des escaliers pour que les habitants ne puissent plus avoir accès à leur appartement. Je pense qu'il est important que les plus faibles puissent acquérir leur propre appartement. Les *Baugruppen* que nous avons encadrées ont permis à plus de 1 000 personnes de bien se loger.

Marché sur la place du quartier Vauban. Fribourg est une ville où on circule beaucoup à vélo.

chariot

Considérez-vous que votre travail est politique ?

Peut-être. Mais de façon pragmatique, car les *Baugruppen* sont synonymes d'une autre politique de la ville. Quand des gens participent activement à la création de l'immeuble et connaissent leurs futurs voisins, ils s'investissent dans leur quartier. Ce qui signifie qu'ils prendront par la suite des initiatives locales, créeront des jardins d'enfants, des espaces de jeux, se poseront des questions sur l'achat utile ou non de nouveaux lampadaires... C'est une compétence politique des gens qui se met en place. Ils apprennent à exprimer leurs attentes. Ces *Baugruppen* représentent beaucoup de travail et c'est parfois difficile, énervant ou répétitif. Mais j'ai l'impression de pouvoir faire bouger beaucoup de choses.

Une dizaine d'installations hydrauliques fonctionnent dans le centre de Fribourg. Cette roue à eau de la Komturplaz a une puissance de 26 kW.

Habitez-vous dans un immeuble construit collectivement ?

Oui. Avec ma femme et nos deux enfants, nous habitons dans le centre de Fribourg dans une *Baugruppe*. Je gagne correctement ma vie, mais je n'aurais jamais eu les moyens d'acheter un appartement de promoteur.

Comment formez-vous une *Baugruppe* ?

Il y a deux possibilités. La première : un groupe déjà constitué vient nous voir avec l'idée de construire. La deuxième : nous connaissons un terrain à bâtir et nous demandons un délai de six mois, afin de constituer le groupe et de réunir les fonds pour l'acheter. Pour composer ce groupe, nous contactons des gens qui sont dans nos fichiers et en recherche d'une *Baugruppe*, ou nous passons une annonce dans la presse. Une première réunion est organisée et nous établissons une première version du bâtiment, à partir de questionnaires.

Intervenez-vous d'une façon ou d'une autre dans la constitution du groupe ?

Nous essayons de panacher et d'avoir, dans un même bâtiment, des familles, des personnes âgées, des étrangers et des handicapés. Aujourd'hui, un groupe ne nous arrive jamais complet. Comme nous avons en général six mois pour chercher les habitants manquants, amener tout le monde chez le notaire avec les fonds et préparer le projet, il ne nous est pas toujours possible de réussir ce panachage. Dans des quartiers aisés, comme Wiehre à Fribourg, la demande est plus forte, ce qui nous donne une plus grande liberté pour panacher les membres.

Quel est le premier travail que vous confiez à une *Baugruppe* ?

Elle doit, en premier lieu, trouver un nom à son bâtiment et choisir son chargé d'affaires qui sera son porte-parole. Lors de la deuxième réunion, nous débattons des décisions et de la façon dont elles seront prises, à l'unanimité ou à la majorité, en général à raison d'une voix par appartement. Lors de la troisième réunion, nous créons juridiquement la société de construction et établissons son règlement. Ensuite, les gens payent une première somme (1 000 à 1 500 euros) qui les engage dans la société. En parallèle, nous menons des entretiens individuels, afin de déterminer les souhaits en matière de taille de logement, d'étage, d'éventuel parking en sous-sol, etc. Cela nous permet d'envisager la hauteur et la taille de l'immeuble, de définir la superficie des appartements et de donner un cadre financier. Ces premières semaines de travail sont marquées par une certaine impatience. Lors des réunions qui suivent, nous montrons un module architectural qui intègre les escaliers, les arrivées d'eau, d'électricité, les pièces humides, etc. C'est dans ce cadre que se dessinent les appartements. Une fois ce squelette d'immeuble défini, nous discutons des parties communes, des choix des matériaux et des couleurs, de l'apparence finale de la façade et des moindres détails. 80 % de ces choix se font en six ou neuf mois.

Que se passe-t-il lorsqu'un même appartement suscite l'intérêt de plusieurs personnes ?

Pour un immeuble de dix appartements, l'expérience m'a montré que le mieux est de commencer avec quatre ou cinq familles, afin de départager facilement les demandes. Ensuite seulement, nous cherchons des personnes pour les autres lots. Car si les dix parties se trouvent dès le début autour d'une table, il est plus difficile de satisfaire tout le monde. C'est ce qui s'était passé dans la Maison Bleue de Rieselfeld qui regroupe seize familles, toutes présentes à la première réunion. Plusieurs voulaient le même grand appartement, orienté au sud, au dernier étage et avec une grande terrasse. J'ai proposé au groupe plusieurs solutions pour les départager : un tirage au sort, une discussion ou des enchères avec versement des gains à la communauté. Le prix est monté jusqu'à 300 euros le mètre carré sans départager personne. J'ai fait le choix d'arrêter les enchères pour ne pas instaurer un mauvais climat dans le groupe. Cela s'est terminé par un tirage au sort, sans conséquences sur le bon climat de l'immeuble.

Que faites-vous si un logement ou deux ne trouvent pas preneur ?

Afin de ne pas faire capoter le projet et de passer au plus vite chez le notaire, il est arrivé que notre cabinet prenne l'appartement en son nom et le loue par la suite. Car, si l'on attend trop, certains perdent patience et risquent de quitter le groupe.

Qui est juridiquement responsable dans une *Baugruppe* ?

Nous portons la responsabilité des projets, du début jusqu'à leur fin. Nous passons un contrat avec la *Baugruppe* qui nous autorise à faire pour elle la planification, la supervision des travaux, le contrôle des factures, jusqu'à la remise des appartements. L'agence a les garanties et les assurances pour superviser ces tâches.

Les futurs propriétaires ont-ils la possibilité de faire des choix individuels ?

Les couleurs, les fenêtres, l'entrée, l'énergie, le jardin et le bâti relèvent des parties communes. L'intérieur d'un appartement est évidemment un choix personnel et chacun est libre d'y faire ce qui lui plaît. Si une famille souhaite que sa salle de bains soit à un endroit différent de celui qui est proposé, ce qui oblige à installer une nouvelle arrivée d'eau et une descente d'eau usée en plus, on en discute au sein du groupe. La dépense est chiffrée et si la famille accepte de la prendre en charge, un vote a lieu.

L'habitat écologique est un domaine riche en innovations. Par exemple, des stores « intelligents » équipent les fenêtres de ce bâtiment (l'Institut Fraunhofer à Fribourg) : la partie haute est réglable indépendamment de la partie basse. Cela permet de travailler à l'abri du soleil, mais en conservant l'apport de lumière naturelle, sans recours à l'éclairage artificiel. Au-dessus de ces stores, des panneaux photovoltaïques posés en brise-soleil apportent de l'ombre aux fenêtres en été, et produisent de l'électricité.

D'autres types de *Baugruppen*

Hubert Burdenski et ses collègues travaillent également sur de la rénovation d'habitat et de la construction de bureaux et ateliers pour des PME. Dans le premier cas, il s'agit de la mise aux normes passives d'un immeuble de huit appartements dans le quartier de Wiehre. Il est intéressant de noter que le propriétaire de l'immeuble n'a pas souhaité vendre au plus offrant, mais à de futurs acquéreurs ayant un projet novateur. Dans le second cas, l'architecte travaille sur le premier projet de *Baugruppe* pour des PME. Le bâtiment[2] regroupera des artisans, une école de yoga, un théâtre et des bureaux. Il sera neutre en CO_2 et les bâtiments ne consommeront que 40 kWh/m²/an. Tout le travail préparatoire se fera de la même façon que pour une *Baugruppe* d'habitants.

En dehors des questions liées aux parties communes, quelles sont les tâches d'une *Baugruppe* ?

Nous constituons des groupes de travail sur différents thèmes comme l'énergie ou les poubelles. Ces groupes s'informent, cherchent les documents et les remplissent. Ils font également des recherches sur les énergies, ainsi que sur les subventions qui peuvent être accordées. Ils pèsent les avantages et les inconvénients du chauffage urbain, des granulés de bois[1], du bois déchiqueté, de la cogénération à l'huile de colza, etc. Notre ingénieur énergéticien les aide. Au final, on se retrouve souvent avec des choix différents en fonction des groupes. Certains peuvent opter pour une cogénération gaz et d'autres une cogénération biodiesel.

Débattez-vous de la place de la voiture dans l'immeuble ?

Il y a des *Baugruppen* sans parking en sous-sol et d'autres avec. Un parking en sous-sol peut être construit et financé par une partie seulement des occupants de l'immeuble. Autre cas de figure, une place de parking est prévue pour chaque appartement et les gens sans voiture ont la possibilité de la louer. Pour des demandes plus spécifiques, comme l'emplacement pour un camping-car ou une camionnette, les surcoûts liés à la hauteur de plafond et à la taille des portes sont à la charge des demandeurs. En fait, j'ai pour habitude de ne jamais dire que ce n'est pas possible. Je préfère argumenter, donner des coûts et laisser les gens choisir en connaissance de cause.

Comment les habitants d'une *Baugruppe* cohabitent-ils ? Est-ce différent d'une copropriété traditionnelle ?

Parfois, après presque deux ans de travail actif en commun, le rythme s'essouffle un peu, car chacun souhaite enfin jouir de son appartement. Mais le climat est bien meilleur que dans une copropriété normale. On n'hésite pas à sonner chez son voisin pour demander un conseil ou de la farine. En général, dans 80 % des cas, le climat est très bon, avec un fort investissement personnel, et dans 20 %, c'est un climat tout simplement normal de copropriété.

Pensez-vous influencer le travail d'un groupe ?

J'influence toujours pour que les choses aillent plus dans le sens de l'écologie, des économies d'énergie et des énergies renouvelables. Je considère qu'il est de notre devoir de pousser dans ce sens.

Quel est pour vous le projet parfait ?

Le projet parfait est bien pensé en matière d'énergie, offre la possibilité de bons rapports de voisinage, ainsi qu'une qualité architecturale.

Construisez-vous essentiellement avec des produits naturels et locaux ?

Autant que possible. Mais dans le cas du liège par exemple, qui est un excellent isolant, il perd ses avantages à cause du transport routier depuis le Portugal jusqu'en Allemagne. Nous lui préférons la laine de roche fabriquée dans la région. Nous privilégions une pierre calcaire locale, ainsi que le bois de la Forêt-Noire. Nous sommes vigilants, mais il arrive malheureusement qu'une commande de mélèze de la région soit livrée avec un lot provenant de Russie que la scierie a malencontreusement mélangé.

C'est donc à Fribourg-en-Brisgau et à Tübingen, deux lieux de l'ancienne zone militaire française, que des initiatives environnementales fortes se développent. N'est-ce pas un clin d'œil de l'histoire que ces écoquartiers se situent sur les anciennes terres d'un pays peu ouvert à ces thèmes ?

Ce qu'il est important de préciser, c'est que les bâtiments existants pouvaient être conservés et que les terrains étaient bien situés, proches du centre-ville. Mais pour répondre à votre question malicieuse, je dirais simplement que des écoquartiers se développent aussi dans l'ancienne zone militaire américaine de l'Allemagne, comme à Ludwigsburg où la municipalité nous demande de mettre en place le modèle des *Baugruppen* de Fribourg. Nous sommes aussi intervenus dans des villes comme Hambourg, Hanovre ou Cologne.

Pour en savoir plus

- Sur le cabinet d'architectes Amann-Burdenski : www.amannburdenski.de
- Sur la Solarsiedlung, immeubles à énergies positives : www.solarsiedlung.de, www.rolfdisch.de
- Sur la Solar Fabrik : http://solar-fabrik.com
- Sur le projet de Ludwigsburg : www.hartenecker-hoehe.de

---

1. Sciure de bois compactée sous forme de petits bouchons, ces granulés, encore appelés pellets, alimentent des poêles ou des chaudières avec les mêmes automatismes et la même souplesse de fonctionnement que le fioul.
2. Le projet se nomme Stühlinger Gewerbehof. Plus d'informations, en allemand, notamment sur : www.amannburdenski.de.

Exemple d'utilisation du photovoltaïque dans le quartier Vauban de Fribourg.

ALLEMAGNE

Fribourg

3 Au cœur d'une *Baugruppe* du quartier Vauban

Repères

- Construction d'un immeuble sur un terrain de 393 m² dans le quartier Vauban de Fribourg (220 000 habitants).
- Début des discussions fin 2006, fin des travaux juillet 2008.
- 912 m² de surface habitable, 9 appartements de 72 à 161 m².
- Besoins en énergie : 65 kWh/m²/an, pourvus notamment par le chauffage urbain.
- Installation photovoltaïque de 5,5 kWc (kilowatts-crête) sur le toit de l'immeuble.

Le tramway passe au pied de l'immeuble de la Baugruppe Pluspunkt Haus B.

1. Parcelle à aménager. Elle comportera 4 immeubles, une résidence étudiante, un jardin public, une aire de jeux, une mare de rétention d'eau de pluie et un parking en sous-sol
2. L'immeuble de la Baugruppe
3. Terminus de la ligne de tram, arrêt de bus et station de taxis
4. Voie ferrée
5. Vers le centre du quartier Vauban

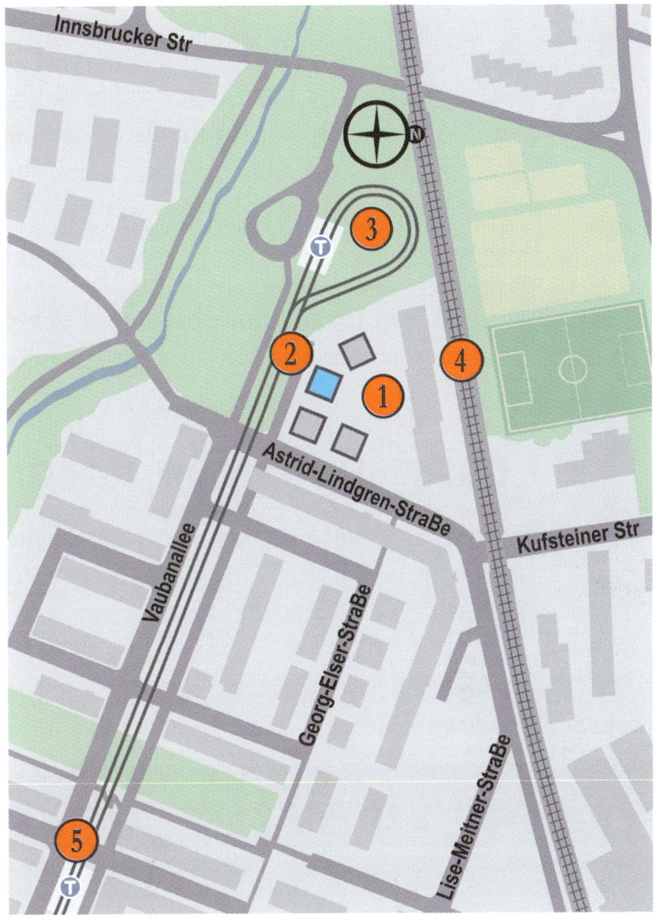

Points remarquables

- les appartements sont tous différents et répondent aux goûts des occupants
- grand consensus dans les choix qui relèvent des parties communes
- mixité sociale et culturelle

Un exemple de réalisation du cabinet d'architectes Amann-Burdenski est l'immeuble Pluspunkte Haus B, résultat de leur collaboration avec la Baugruppe *du même nom créée en 2006. Seize habitants y ont emménagé, après vingt-neuf réunions et deux ans de travail et de discussions. Leur immeuble de quatre étages est le fruit de leurs envies et de leurs compromis.*

Contrairement à ce que l'on pourrait penser, le quartier Vauban, à Fribourg, n'est pas lié aux édifices conçus par le maréchal du même nom. C'est un quartier de casernes occupées par l'armée française après la Seconde Guerre mondiale et que la ville de Fribourg-en-Brisgau a récupéré après le retrait des forces alliées, suite à la chute du mur de Berlin. La forte identité écologique de la ville s'est alors concentrée sur ce quartier en devenir et en a fait l'un des sites les plus emblématiques des alternatives environnementales d'Europe.

En 2005, la municipalité de Fribourg décide d'urbaniser l'une des dernières parcelles du quartier Vauban, située au bout d'une ligne de tramway et à proximité d'une voie ferrée. La parcelle est vaste et accueillera une résidence pour étudiants et quatre immeubles cubiques numérotés de A à D, l'immeuble B étant destiné à être construit par une *Baugruppe*. Les cinq bâtiments s'articuleront autour d'une aire de jeux pour enfants, d'un jardin public et d'une mare de rétention d'eau de pluie. La construction d'un parking de 97 places est prévue en sous-sol. Comme Vauban est un quartier avec peu de voitures, tout propriétaire d'un véhicule doit posséder ou louer une place de parking. Tous les bâtiments sont pensés pour que les pièces à vivre soient orientées vers le sud et que les chambres donnent sur le jardin, afin que les occupants puissent dormir au calme fenêtres ouvertes. Dans les quatre petits immeubles, les terrasses sont placées en bout d'étage, pour que les conversations tardives gênent le moins possible les habitants. Un mur anti-bruit sera érigé au bord de la voie ferrée et vers 2015, les trains de marchandises circuleront sur une autre voie actuellement en construction.

Constitution de la *Baugruppe*

Très rapidement, un groupe de quelques personnes manifeste de l'intérêt pour la constitution d'une *Baugruppe* pour l'immeuble B et contacte le cabinet Amann-Burdenski. Le groupe acquiert le terrain en février 2007, et en août de la même année,

C'est sur cette place centrale du quartier Vauban que se tiennent les marchés. L'ancien bâtiment central de la caserne a été rénové et intègre du photovoltaïque en toiture.

les travaux démarrent. L'hiver ne sera pas trop dur, les travaux progressent bien et l'immeuble est terminé fin juillet 2008.

C'est Thorsten Fischenbeck, un architecte de 31 ans qui a déjà suivi le travail de deux *Baugruppen* au sein du cabinet d'architectes Amann-Burdenski, qui assume la direction de l'ensemble du projet. Cette *Baugruppe* regroupe des gens d'âges et d'origines diverses : des couples de trentenaires, des retraités, des personnes seules et des familles. L'immeuble comprend neuf logements de 72 à 161 m^2, à raison de deux appartements par étage et d'un duplex, distribués autour d'un escalier central et d'un ascenseur. Chaque logement est conçu en fonction des besoins et des goûts de ses occupants. Les volumes et les choix de matériaux sont discutés avec l'architecte et, au final, aucun appartement n'est semblable à un autre. L'immeuble est blanc, avec des encadrements de fenêtres bordeaux. Tramway, bus et taxis se croisent à proximité. Les collines de Fribourg sont à deux minutes de là.

Le travail de la *Baugruppe* et le chantier de l'immeuble ont été supervisés par l'architecte Thorsten Fischenbeck.

Les lignes qui suivent relatent différents moments de discussions auxquelles ont pris part les futurs habitants sous la supervision de l'architecte. Elles entendent montrer la part active jouée par les membres de la *Baugruppe* dans le déroulement de la construction de l'immeuble.

Réunion n° 27

Le 6 juin 2008 à 19 heures, les membres de la *Baugruppe* Pluspunkte Haus B[1] se réunissent dans la salle de réunion du cabinet d'architectes. Douze des seize membres sont présents. Tout le monde se tutoie. On se sert de l'eau minérale. Les verres sont en verre et les bouteilles sont consignées. La réunion commence par l'intervention d'un syndic qui gère 52 immeubles à Leipzig et souhaite se développer à Fribourg. Il demande aux personnes présentes si elles entendent gérer leur copropriété elles-mêmes ou en confier la gestion à une personne extérieure, auquel cas il leur en coûterait 22,50 euros par mois et par appartement pour administrer un immeuble. Pour le nettoyage des parties communes, du garage, des poubelles et le déneigement hivernal, il en coûterait 300 euros mensuels. La question est laissée en suspens pour être débattue plus tard.

À l'aide de photos du chantier prises deux jours auparavant, Thorsten fait le point sur l'avancée des travaux. L'échafaudage qui couvrait toutes les façades a été enlevé. Avec les fortes pluies des derniers jours, une grande quantité d'eau a inondé le rez-de-chaussée et le garage, car les travaux de raccordement des gouttières n'étaient pas terminés. Tout a été pompé. Il fera quand même contrôler l'humidité du béton

Réseau de chaleur

Un chauffage urbain achemine de la chaleur à travers la ville par un réseau de canalisations. Il fonctionne le plus souvent en brûlant les déchets ménagers, mais il peut aussi être alimenté au bois. Mis en place par une municipalité, un réseau de chaleur présente l'avantage d'être une structure unique plus facile à surveiller que plusieurs milliers de chaudières individuelles.

avant la pose du parquet dans les appartements. Les panneaux photovoltaïques sont installés. La phase des finitions est amorcée: les travaux de peinture ont commencé ce jour et deux semaines plus tard, l'immeuble sera relié au réseau d'eau potable, d'électricité et de chauffage urbain.

Le point suivant de l'ordre du jour concerne la réalisation des surfaces extérieures de l'immeuble: jardin et chemins, pour lesquels des devis supplémentaires devront être demandés.

À propos des tarifs de certains artisans, un membre du groupe entame une discussion sur les prix facturés par le carreleur, différents des devis. S'ensuivent des interventions des futurs habitants sur le thème « des artisans et des prix ». Thorsten s'engage à lui demander des explications et rappelle qu'au-delà de cette question, le chantier se passe bien et que le budget final de la construction sera inférieur au devis.

Vient ensuite la question du plan de clés de l'immeuble. Une seule clé doit ouvrir différentes portes: appartement, entrée de l'immeuble, porte des caves, local à vélos, pièce dédiée au séchage du linge et local à poubelles. Il faut prévoir le cas échéant un passe pour le syndic et une clé pour la personne chargée du ménage.

Différents autres points sont abordés, concernant la sécurité du garage, l'accès des camions de déménagement alors que le garage en sous-sol n'est pas accessible aux gros véhicules et que le jardin est encore en chantier. Est évoquée également la possibilité de prendre un producteur d'électricité verte comme Lichtblick, Greenpeace Energy ou la compagnie locale Elektrizitätswerke Schönau, qui sont des fournisseurs engagés. La séance se termine vers 23h30.

Réunion n° 28

La *Baugruppe* se retrouve le mardi 8 juillet. En cette belle soirée d'été, Thorsten propose que la réunion se termine tôt, afin d'aller boire un verre à l'extérieur.

On trouve dans le bureau de Thorsten Fischenbeck de multiples éléments liés à l'immeuble de la *Baugruppe*, dont une maquette et des classeurs.

L'immeuble de la *Baugruppe* Pluspunkte Haus B comporte 9 appartements, distribués autour d'un escalier central et d'un ascenseur, et regroupe des habitants d'âges et d'origines diverses.

Les transports en commun s'arrêtent juste en face du bâtiment.

Il est heureux d'annoncer que le groupe a obtenu gain de cause auprès du carreleur, qui a effectué un remboursement de 3 000 euros pour l'ensemble des factures. L'avancement du chantier est présenté avec quelques photos. Thomas, comptable appointé du groupe, fait le point. Il reste environ 20 000 euros sur le compte commun utilisé pour le règlement des entreprises, ce qui est suffisant pour honorer les prochains paiements. Tous les mois, effectivement, chaque membre du groupe a dû effectuer un virement sur le compte de la *Baugruppe*, proportionnel à la taille de son logement. Le chantier touchant à sa fin, les montants vont en décroissant.

Arvo, qui a effectué des recherches sur le choix d'un syndic, a contacté quatre entreprises. Sa préférence va au syndic Vaubanverwaltung AG, qui estime qu'une prestation de 20 à 30 heures sera suffisante pour la gestion annuelle de l'immeuble, à raison de 35 euros de l'heure. Cette entreprise est implantée dans le quartier et son responsable habite lui-même dans une *Baugruppe*. Les habitants, qui ont pris la décision de s'occuper eux-mêmes de la lecture des compteurs d'eau, du nettoyage des parties communes, ainsi que de la sortie des poubelles, optent pour ce syndic.

Thorsten demande les disponibilités de chacun pour organiser les réceptions des appartements, en présence des architectes et des artisans. Ce sera le moment pour les artisans d'expliquer directement aux occupants le fonctionnement de divers appareillages. L'architecte explique que les réceptions des appartements sont parfois conflictuelles, les remarques des futurs occupants pouvant être perçues comme anodines par les artisans, alors qu'elles ont de l'importance pour les propriétaires.

La réunion continue avec la question du nettoyage des appartements après travaux, l'éclairage des voies d'accès à l'immeuble ou les attaches vélo extérieures, autant de thèmes sur lesquels des membres du groupe ont fait des recherches. Il est presque 23 heures. La bière sera pour une autre fois.

Réunion n° 29 : fin de la *Baugruppe*

La réunion du 29 juillet doit être la dernière. Douze personnes arrivent vers 19 heures. Les réceptions de tous les appartements ont été faites, sans réserve. Une famille a déjà emménagé.

On évoque des problèmes de clés neuves difficiles à utiliser ou des parquets neufs endommagés par les chaussures de chantier des artisans. Il est question de la façon de recevoir la télévision (câble, satellite ou antenne intérieure), ainsi que des tours de rôle à mettre en place pour le nettoyage des parties communes et les sorties des poubelles. Deux membres du groupe acceptent de s'occuper des démarches de création et d'administration de la future copropriété qui remplacera prochainement la *Baugruppe*.

Thorsten demande au groupe s'il considère le bâtiment comme terminé. Par terminé, il entend un bâtiment qui répond à l'objet de sa construction et est achevé au moins à 80 %. Beaucoup hésitent à accepter l'immeuble comme terminé dans la mesure où des finitions manquent. L'architecte propose de repousser au 1er août la date d'acceptation, après l'exécution des dernières finitions. La proposition est votée par dix voix pour et deux abstentions. Ainsi, dans trois jours, la *Baugruppe* pourra se dissoudre et une copropriété prendre le relais.

Thorsten félicite les habitants de l'immeuble B, fait un court résumé des deux années passées et simultanément un diaporama des photos les plus marquantes de cette période de la *Baugruppe* est projeté. Des bouteilles de champagne apparaissent et un toast est porté à la longue vie de la Pluspunkte Haus B.

Le 29 juillet s'est tenue la dernière réunion de la *Baugruppe*. Les membres ont fêté la fin de deux années de travail au champagne.

Le toit de l'immeuble intègre 5,5 kWc de photovoltaïque, une installation qui appartient à une partie des membres de la *Baugruppe*.

L'immeuble B en détails

- Le terrain de 1 000 m² a coûté 425 euros le m².
- Coût de la construction : 1 251 574 euros pour 912 m². Le devis était de : 1 372 438 euros, soit une différence positive de 120 864 euros (8 %). Ce montant comprend tous les travaux liés aux parties communes, ainsi que les honoraires d'architectes et les frais notariaux.
- Les mètres carrés d'appartement ont une valeur différente en fonction de l'étage où ils sont situés ; ces montants ont été discutés par la *Baugruppe*. Le rez-de-chaussée coûte 2 150 euros le m², le premier étage 1 990, le deuxième 2 150, le troisième 2 290 et le quatrième 2 450.
- Au sous-sol : un local à vélos vient en complément du parking à vélos situé à l'extérieur.
- Contrairement aux habitudes allemandes, les habitants de l'immeuble n'ont pas fait le choix d'une buanderie commune, mais d'une simple pièce à sécher le linge.
- L'ensemble de l'immeuble est entièrement accessible aux fauteuils roulants.

- Dans le garage, diverses ouvertures au plafond servent de ventilation naturelle, un principe plus délicat à concevoir qu'une ventilation mécanique, mais qui fonctionne sans électricité et sans entretien.
- Ce qui frappe en passant d'un étage à l'autre, ce sont les choix des propriétaires. Certains appartements sont des espaces ouverts, d'autres sont compacts et comportent des murs et des couloirs. Il y a du chauffage par radiateurs ou par plancher chauffant, et deux appartements sont équipés d'un poêle à bois. Les sols sont en linoléum ou en parquet. En fait, chaque appartement est à l'image de ses propriétaires, de ses moyens et de ses goûts. L'immeuble ne ressemble en rien à un immeuble standardisé de promoteur.

> **Le bâtiment basse consommation ou basse énergie**
>
> Développée dès les années 1980 en Allemagne, cette dénomination a vu ses seuils baisser au fil des années. Aujourd'hui, la basse consommation allemande se décline dans une version 70 kWh/m²/an et une version 40 kWh/m²/an, pour les seuls besoins de chauffage.

- La moitié des habitants ne pouvait pas financer les 8 à 9 % d'investissements supplémentaires pour que l'immeuble soit aux normes passives. C'est donc un bâtiment basse énergie à 65 kWh/an/m², relié au réseau de chauffage urbain[2]. Les plus motivés se sont regroupés et ont financé une installation photovoltaïque de 5,5 kWc, dont la production est vendue au réseau électrique de Fribourg.
- Quatre des neuf appartements sont occupés par des personnes qui ne possèdent pas de voiture ; elles loueront leur emplacement.

Pour en savoir plus

- Sur le cabinet d'architectes Amann Burdenski : www.amannburdenski.de
- Sur le fournisseur d'électricité Elektrizitätswerke Schönau : www.ews-schoenau.de
- Sur la compagnie d'électricité de Greenpeace Allemagne : www.greenpeace-energy.de
- Sur la compagnie d'électricité Lichtblick : www.lichtblick.de
- Voir également le passage consacré à la visite de Fribourg dans le chapitre consacré à l'EcoZac de la place de Rungis à Paris, page 74.

1. Pluspunkt Haus B pourrait se traduire par « immeuble B à bons points ».
2. Le bâtiment A sera aussi à 65 kWh/m²/an ; les maisons C et D seront aux normes passives.

AUTRICHE

Wolfurt

4 Construire en commun vivre individuellement

Repères

- Construction de 7 pavillons dans la commune de Wolfurt, 8 000 habitants, dans le Land du Vorarlberg.
- Premières rencontres des habitants fin 2002, fin des travaux à partir de juin 2006.
- Les 7 maisons ont été réalisées sur un terrain de 2 000 m², la surface habitable varie de 165 à 205 m².
- Besoins en énergie : 20,9 et 25,7 kWh/m²/an en fonction des maisons, pourvus notamment par 8 m² de panneaux solaires thermiques par maison et une chaudière à granulés de 25 kW commune à l'ensemble de la résidence.

Les sept maisons de la Frühlingstrasse sont d'apparences quasi identiques, compactes et à ossature bois. Mais leur surface habitable et la distribution des pièces intérieures sont variables.

1. Les sept pavillons, disposés en quinconce
2. Places de parking.
3. Ruelle réservée à la desserte locale et qui se prolonge au delà et à gauche en piste cyclable.
4. Atelier (de rangement, de bricolage..) : il y en a un par maison

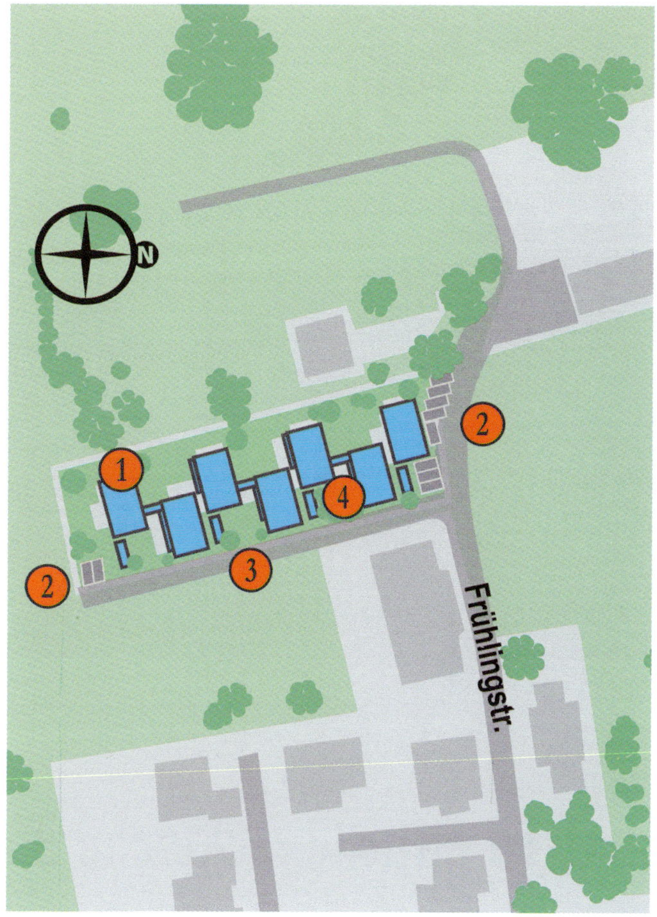

Points remarquables
- grand consensus dans les choix
- milieux professionnels divers
- bon mélange de parties privatives et communes

À Wolfurt, petite ville de l'ouest de l'Autriche, sept familles se sont regroupées, de leur propre initiative, et ont fait construire un peu à l'écart de l'agglomération sept pavillons à ossature bois, très économes en énergie.

Sabine et Dietmar Lenz, la quarantaine, forment un couple aux idées bien arrêtées sur les questions environnementales. Ils ont vécu à Vienne dans une des premières copropriétés sans voitures et, lorsqu'en 2000, ils décident de revenir dans le Vorarlberg dont Dietmar est originaire, c'est avec l'idée de faire construire un habitat écologique et économe en énergie, sur la base d'un projet monté avec d'autres familles. Fin 2002, ils rencontrent, par l'intermédiaire d'amis et de connaissances, trois autres couples intéressés par la démarche. Compte tenu du prix des terrains disponibles dans la région, des budgets dont ils disposent et de leurs attentes, il leur faudra partager les coûts avec trois autres familles. Ils seront donc sept foyers.

Toutes les maisons sont construites en bois et intègrent du solaire thermique sur leur toit.

La difficile recherche d'un terrain

Ils passent des annonces et organisent des réunions, mais rencontrent quelques difficultés à trouver des personnes avec les mêmes motivations. Certains n'apprécient pas le trop peu de place fait à la voiture et d'autres ne souhaitent pas s'intégrer à un groupe déjà constitué, ni participer à une réelle ébauche de projet avec un cadre financier défini. Néanmoins, une nouvelle famille adhère au projet. Pendant des mois, seuls ces cinq couples participent à son élaboration. Les deux dernières familles s'y raccorderont juste avant le début des travaux et, pour l'anecdote, la signature de l'engagement de la septième n'aura lieu que trois heures avant la signature du contrat final avec le maître d'œuvre ! Malgré ces mois d'attente, le groupe reste soudé. La résidence ne comprendra que des familles avec enfants, un choix voulu afin d'éviter d'éventuels conflits avec des personnes sans enfants.

En parallèle à la constitution du groupe, la recherche de terrain a lieu à Wolfurt[1], une commune engagée sur les questions environnementales. Deux ans sont nécessaires pour trouver un terrain de 2000 m², car une telle surface est une denrée rare et chère dans cette plaine du Rhin très urbanisée. La parcelle trouvée est un champ, une espèce en voie de disparition dans une région où la pression immobilière s'exerce au détriment des surfaces agricoles. On ne peut ignorer que ce choix comporte un paradoxe pour des gens engagés dans l'environnement.

Chaque maison a sa terrasse et son jardin privatif, que chacun aménage à son goût.

Errichtergemeinschaft[2] versus *Baugruppe*

Dans le programme de la Frühlingstrasse 9, l'initiative du projet et l'ensemble du travail de préparation (recherche du terrain, démarches administratives, actes notariaux, recherche d'un architecte. .) ont été réalisés par les membres du groupe. Dans une *Baugruppe*, le travail des futurs habitants se fait dès le départ avec l'aide d'un bureau d'architectes, ce qui demande moins d'investissement personnel.

Avant l'acquisition du terrain, les cinq familles engagées dans le projet commencent à établir un cahier des charges. Pour ce faire, elles contactent des architectes du *Land*, connus pour travailler les questions environnementales et énergétiques, et visitent certaines de leurs réalisations. Elles suivent un stage sur la construction, proposé par l'Institut de l'énergie du Vorarlberg. Intitulé « Construire la maison de vos rêves », il leur permet d'exprimer leurs attentes, d'identifier et d'affirmer leurs propres goûts, et ainsi d'être moins profanes devant les professionnels au moment des choix. L'ensemble de ces démarches enrichit la définition du projet. Puis, chacune des cinq familles choisit un architecte qui a pour mission d'élaborer une proposition destinée au groupe. Quelques semaines plus tard, les dix adultes se réunissent et retiennent deux propositions sur les cinq qui leur sont faites. L'un des architectes contactés souligne l'importance de bien expliquer un projet communautaire, afin d'anticiper ce qui pourrait éventuellement mal se passer entre les membres du groupe.

Concours d'architectes

En février 2004, avant la décision finale, les cinq familles conviennent d'éviter les réactions du type « si mon projet n'est pas retenu, je quitte le groupe ». Elles ont à choisir entre deux options. La première est une série de sept maisons individuelles quasi identiques, construites assez proches les unes des autres et orientées en zigzag le long d'un axe. La seconde est formée de trois bâtiments – deux maisons de deux étages avec deux appartements chacune et une maison de trois étages avec trois appartements – ce qui offre des logements plus spacieux, plus d'espaces verts et un coût moins élevé. Le groupe opte pour les maisons individuelles dessinées par l'architecte Christoph Kalb, qui seront construites sous la direction d'un chef de chantier. Dietmar Lenz explique ce choix par la volonté de préserver une certaine intimité : « Nous voulions nous ouvrir aux autres, tout en ayant la possibilité de nous retirer chez nous. Nous avons préféré avoir moins de mètres carrés, mais chacun sa terrasse et son jardin. » Construire un seul bâtiment n'a jamais été envisagé, pourtant cette solution aurait été moins coûteuse, avec une meilleure efficacité énergétique et plus d'espaces verts.

Dans l'intérieur du zigzag, les angles des maisons sont arrondis, afin de souligner le lien qui unit les habitants.

Maisons compactes et petites

Parmi les habitants, deux personnes sont des professionnels des questions énergétiques. Dietmar Lenz est responsable de l'écologie et des programmes environnementaux à l'Association pour l'environnement du Vorarlberg et Martin Reis travaille à l'Institut de l'énergie de la région[3]. Leurs compétences leur permettent de traiter ces questions avec l'architecte et de faire le lien avec les autres familles.

La ventilation double flux

Classiquement, une bonne aération signifie une arrivée d'air frais, c'est-à-dire à basse température. L'expérience montre cependant que l'air n'a pas besoin d'être à une température inférieure à celle de la pièce pour être perçu comme « neuf ». Dans la maison passive, le rôle de la ventilation consiste à aspirer de l'air vicié et à en insuffler du neuf. Avec ce renouvellement constant, il n'est plus nécessaire d'ouvrir les fenêtres pour assainir les pièces. Une VMC double flux est en fait un boîtier dans lequel l'air sortant et l'air entrant se croisent ; les calories de l'un passent à l'autre via un échangeur, sans que les masses d'air se mélangent.

Dietmar Lenz, habitant de l'écoquartier, est un professionnel des questions énergétiques. Avec un autre habitant, il a pris en charge cet aspect du projet au sein du groupe.

Fidèles à une certaine tradition des régions de montagne et répondant à un bon sens énergétique, les maisons sont compactes et assez petites. Chacune est équipée de 8 m^2 de panneaux solaires thermiques et d'un réservoir d'eau chaude de 800 litres[4], à l'exception de l'une d'elles, pourvue de seulement 6 m^2, dont le propriétaire passionné d'astronomie souhaite garder libre une partie de son toit qui, ouvrable, permet de sortir une lunette astronomique. Une chaudière à granulés de bois commune de 25 kW est située sous une des maisons, d'où part un couloir technique souterrain qui les relie entre elles et intègre toutes les canalisations. Chaque habitation possède ses propres compteurs de chaleur, afin d'établir une répartition juste et équitable des frais de chauffage. Les maisons sont chauffées à basse température par le sol et équipées d'une ventilation double flux. Le système énergétique est ainsi un mélange d'indépendance et de partage de matériel.

Toutes les maisons sont équipées de panneaux solaires thermiques.

Activement passives

Les maisons sont à ossature bois en mélèze local, l'isolation est en cellulose ou en laine de mouton, les peintures sont propres… Dans le cahier des charges, une grande importance est accordée à la provenance des matériaux utilisés. Néanmoins, deux maisons sont en mélèze d'origine sibérienne. Ce bois, issu de forêts certifiées, a été imposé par le charpentier sous prétexte de disponibilité rapide et afin de respecter les délais.

En apparence, chaque maison semble identique aux autres. Mais les surfaces habitables varient de 165 à 205 m^2 sur deux étages, et la distribution des pièces diffère. Les sept maisons sont conçues pour consommer entre 20,9 et 25,7 $kWh/m^2/an$, en fonction de leur taille et de leur emplacement: la première de la rangée, orientée au sud, reçoit un meilleur ensoleillement, celle dont le sous-sol abrite la chaudière bénéficie d'un peu de sa chaleur… Pour des raisons de coût, les habitants ont choisi de ne pas construire aux normes passives de 15 $kWh/m^2/an$, avec l'intention de maîtriser leurs besoins énergétiques. Ce qui se révélera pertinent, puisque dans la pratique, ils ne consomment que 14 $kWh/m^2/an$. Chaque maison a une dépense annuelle globale en électricité, eau chaude et chauffage de 100 euros.

Les coûts et les subventions

- Le terrain de 2 000 m² a coûté autour de 500 000 euros, soit 250 euros le m², et le prix de revient moyen d'une maison est de 260 000 euros, soit de 10 à 15 % moins cher qu'un pavillon neuf de la même surface, qualité écologique en plus. Chaque famille a obtenu une subvention de 2 000 euros pour l'eau chaude solaire et 2 000 euros pour le chauffage solaire. De plus, un prêt à taux faible de 100 000 euros a été accordé par les banques en raison des engagements environnementaux.
- Les sept maisons sont orientées au sud et réparties de part et d'autre d'un axe vertical est-ouest. Elles reçoivent soit le soleil du matin soit le soleil du soir. La valeur de chaque maison est différente en fonction de son emplacement et de la taille du jardin. Ces différences ont permis aux familles à petit budget de devenir propriétaires.

L'ensemble des familles assure le travail de syndic et les deux spécialistes du groupe s'occupent du contrôle des installations énergétiques. Un règlement intérieur a été établi entre résidents, afin de régler le partage des charges communes, la revente d'une maison ou les éventuels conflits. Les habitants de la Frühlingstrasse auraient aimé être novateurs en matière automobile et consacrer un minimum d'espace au stationnement. Curieusement, la commune ne le leur a pas permis et leur a imposé deux places de parking par famille, ainsi que des places visiteurs, soit dix-huit emplacements. Après des discussions tendues, le groupe est arrivé à ramener cette obligation à onze[5]. Les habitants, qui possèdent une voiture par famille, envisagent un système de partage pour ne plus avoir que 5 véhicules.

Le modèle du Vorarlberg et ses limites

Comme d'autres régions de la chaîne des Alpes soumises à des hivers longs, le Vorarlberg a longtemps été un territoire pauvre. Les activités économiques se résumaient à une petite agriculture, au travail du bois et à l'industrie textile. Le temps libre était utilisé pour penser et améliorer l'habitat. Au fil des siècles, une culture de la construction en bois et de l'efficacité énergétique s'est développée. Cette habileté à penser l'habitat est restée, à laquelle s'est ajoutée une réflexion environnementale moderne.

Le Vorarlberg, qui compte 365 000 habitants, est aujourd'hui l'une des régions d'Europe les plus dynamiques en matière d'utilisation des énergies solaires. 60 % des 15 MW de photovoltaïque installés en Autriche se

L'habitat moderne du Vorarlberg allie la construction en bois et l'efficacité énergétique.

trouvent dans ce *Land* qui ne représente que 5 % de la population du pays. Dans cette petite région où tout le monde se connaît, une émulation existe entre architectes et professionnels du bâtiment, dans le but de travailler ensemble et de faire avancer les projets. Un important courant architectural y travaille le bois local qui, allié aux techniques énergétiques les plus modernes, permet de créer des bâtiments d'une remarquable qualité.

Mais étonnamment, ce travail ne va pas dans le sens de la conservation de son patrimoine ancien. Dans cette région où la construction de maisons individuelles est la règle (80 % des habitants sont propriétaires de leur logement) et où la plaine du Rhin compte de moins en moins d'espaces non construits, limiter l'extension du bâti ne semble pas être une priorité.

Pour en savoir plus

- Sur l'Institut de l'énergie du Vorarlberg : www.energieinstitut.at
- Sur l'association pour l'environnement du Vorarlberg, Umweltverband Vorarlberg : www.umweltverband.at
- Sur la commune de Wolfurt : www.wolfurt.info
- Sur d'autres projets autrichiens d'habitat communautaire, comme la résidence Wohnen mit Kindern à Vienne-Florisdorf ou la Sargfabrik à Vienne-Penzing qui comprend des appartements, un espace culturel, des bains, un restaurant, des salles de réunion... : www.sargfabrik.at, puis « *über uns* ».

1. Située à 8 km de Bregenz, capitale du Vorarlberg.
2. Groupe de maîtres d'œuvre.
3. L'équivalent de l'Ademe.
4. Le solaire fournit en moyenne annuelle 80 à 90 % des besoins d'eau chaude et 15 à 30 % des besoins de chauffage.
5. À la même époque, un autre groupe connaît le même problème dans la ville de Bregenz, et est contraint de bâtir un parking en sous-sol, ce qui augmente considérablement le coût du projet.

L'écoquartier est longé par une ruelle réservée aux riverains. À faible circulation, elle fait la joie des piétons et des enfants.

DANEMARK

Copenhague

5 Concertation pour la renaissance d'un quartier

Repères

- Rénovation d'un ensemble de 18 immeubles accolés dans le centre de Copenhague (500 000 habitants).
- Le projet a débuté en 1972, puis a été repris en 1995 et terminé en 2001.
- L'ensemble compte 281 appartements de 55 à 100 m^2 et 500 habitants.
- Besoins énergétiques variables en fonction des types de rénovation et pourvus par une grande variété de solutions techniques : solaire thermique et solaire photovoltaïque en toiture et en façade...

Suite aux travaux de rénovation, l'îlot a gagné en clarté et en qualité de vie.

1. L'îlot de Hedebygade
2. Les dix-huit immeubles accolés et rénovés de l'îlot
3. L'espace communautaire abrite une laverie, une cuisine, des salles de réunions...
4. Le coeur de l'îlot accueille espaces verts, tables de pique-nique, parkings à vélos...
5. Entrée principale
6. Héliostat (voir page 53)
7. Mur photovoltaïque vertical

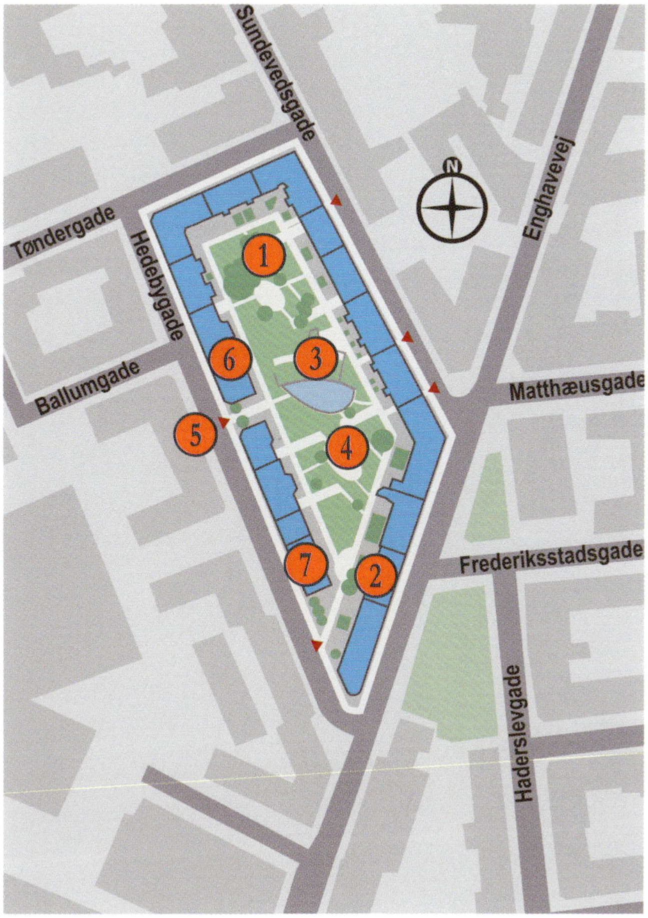

Points remarquables

- **nombreuses innovations : mise en place d'un héliostat, réalisation d'un bâtiment collectif avec notamment une buanderie**
- **grande qualité de vie, dans un cadre urbain ancien**

Les premières discussions sur la rénovation d'un îlot de Vesterbro, quartier central de Copenhague, ont débuté en 1972. Mais ce n'est qu'en 1995 que la décision de réhabiliter a été prise, et les travaux se sont terminés en 2001. Le processus a été long, mais le résultat est parlant : des immeubles vétustes, construits vers 1880, devenus des vitrines de la rénovation urbaine.

L'architecture de Vesterbro est à Copenhague ce que le néo-haussmannien est à Paris. La ville est marquée de ces constructions de briques et de pierres, de ces hauteurs définies, d'un style de fenêtres et de toitures et de cours sombres. Dans les années 1960, la ville de Copenhague s'étend en périphérie. Les quartiers centraux s'appauvrissent et le bâti n'est pas entretenu. Les premiers projets de rénovation qui apparaissent dans les années 1970 se développent dans un quartier situé non loin de la gare centrale. Dans la rue Hedebygade, un ensemble de dix-neuf immeubles accolés attire l'attention des responsables de la ville. Le plus vétuste d'entre eux est détruit, mais aucune rénovation n'est entreprise dans les bâtiments mitoyens. Il faut attendre les années 1990 pour que les discussions reprennent autour de ce bloc, qui comprend des logements sociaux et des appartements privés. Les immeubles, désormais au nombre de dix-huit, sont d'un autre âge : les appartements sont petits, les salles de bains sont rares et le taux de rotation des locataires est très élevé.

La vaste cour intérieure de l'îlôt est aujourd'hui accueillante, grâce notamment à des espaces verts, des tables…

La municipalité de Copenhague et l'État danois décident de faire sur cet îlot une rénovation exemplaire pour mettre en valeur le savoir-faire local. Ceci à une époque où des projets architecturalement très proches sont en cours, notamment à Berlin, dans le quartier de Kreuzberg. Ce projet danois dispose d'une enveloppe de fonds municipaux, gouvernementaux et européens, d'environ 50 millions d'euros. Une partie des coûts de rénovation sera aussi prise en charge par les propriétaires des appartements.

Des vitrines environnementales

D'importants crédits sont alloués à la mise en place d'une concertation. À partir des années 1990, Kurt Kristensen est l'architecte coordinateur du projet. Il organise des réunions pour connaître les attentes des gens et leur expliquer ce qu'est l'écologie urbaine, car pour qu'une rénovation d'une telle ampleur soit un succès, il faut une bonne compréhension des choses par les habitants.

L'îlot est vaste, il compte 350 appartements et quelque 650 habitants. L'équipe de Kurt Kristensen, qui comprend des assistants sociaux et des sociologues, décentralise les discussions par bâtiment et fait du porte-à-porte pour connaître l'état de chaque appartement et pour expliquer les enjeux de ce vaste plan de rénovation. Les consommations d'eau, d'électricité et de chaleur sont chiffrées et les attentes des locataires notées.

Des architectes font des propositions de rénovation pour chaque bâtiment, dans le but d'expérimenter diverses techniques. C'est à dessein que l'on trouve juxtaposées des solutions simples, low-tech, et d'autres complexes, high-tech. En fait, une fois terminé, l'îlot de Hedebygade ne sera pas une vitrine, mais une succession de vitrines.

Dans le domaine des énergies renouvelables, des panneaux solaires thermiques et photovoltaïques sont installés en toiture et en façade, en fonction de l'orientation des immeubles. Des panneaux solaires posés sur certains murs extérieurs permettent d'insuffler de l'air chaud dans les appartements. Parmi les techniques de pointe, un héliostat, installé

Sur le toit de l'un des immeubles, un héliostat renvoie la lumière du soleil vers les couloirs et autres parties sombres du bâtiment.

sur le toit d'un immeuble, permet au fil de la journée d'éclairer des couloirs grâce à un vaste miroir qui suit la course du soleil et renvoie sa lumière dans un puits de miroirs, et évite ainsi l'éclairage électrique.

Outre la pose d'isolants et de nouvelles fenêtres, les rénovations ont permis d'installer des extensions de façades pour agrandir les cuisines. Des vitrages faiblement émissifs ont été posés, ainsi que du chauffage central basse température, des VMC double flux avec récupération de chaleur, de la récupération d'eau de pluie, des compteurs individuels de consommation électriques et d'eau…

Au centre de l'îlot, un espace communautaire propose une laverie et des salles de réunion. Sur la place, les habitants peuvent, en été, faire des grillades.

Les avancées vitrées sont des jardins d'hiver qui préchauffent l'air en période froide.

Des hausses de loyers

Pour la municipalité, le but des travaux est de rendre l'îlot attractif grâce à des appartements rénovés et plus grands pouvant accueillir des familles avec enfants. Il faut donc en agrandir la surface en réunissant certains appartements. Le nombre de logements passe ainsi de 350 à 281.

Ces rénovations auront un coût pour les habitants. Les loyers très bas en adéquation avec le confort d'alors doivent être réajustés. Ils doubleront en cinq ans, ce qui entraînera des tensions très fortes entre les occupants et les autorités, avec pour conséquence de ralentir la mise en chantier.

Au final, certains habitants sont partis, d'autres ont été relogés dans des termes qui leur convenaient mieux, d'autres encore ont accepté un relogement temporaire le temps des travaux et quelques-uns sont restés dans les lieux, car les interventions dans leur domicile étaient faibles.

La nécessité d'expliquer

Certaines étapes de la rénovation font apparaître des questions pertinentes liées à l'habitat et à l'écologie urbaine. Ainsi, dans un bâtiment, il a été proposé pour chaque pièce de conserver l'ancien châssis de fenêtre extérieur et d'en installer un second à l'intérieur, afin de concilier le style architectural et l'efficacité énergétique. Malgré le peu d'enthousiasme de certains occupants à l'idée d'avoir à nettoyer le double de fenêtres, le projet a été maintenu et l'esthétique du lieu préservée.

Dans les cuisines et salles de bains d'un autre bâtiment, des plantes en bacs aident au renouvellement de l'air et remplacent une ventilation mécanique consommatrice d'électricité. Cette installation a nécessité une dérogation réglementaire, car légalement, toute pièce humide doit avoir une VMC. Cette idée simple implique, outre d'avoir la main verte, une bonne entente entre les résidents pour assurer l'arrosage des plantes en cas d'absence.

De telles remarques soulignent que dans notre mode de vie moderne, l'idée de convertir son quotidien au vert nécessite une part de bonne volonté.

Une des façades sud de l'îlot accueille une vaste surface photovoltaïque.

Une réalisation hélas peu suivie...

Tous les immeubles n'ayant pas été rénovés de la même façon, les comparaisons énergétiques entre appartements sont aléatoires. Néanmoins, des statistiques réalisées en 2001 sur deux bâtiments ont montré des résultats positifs. La consommation moyenne danoise de chauffage est de 6,9 MWh/personne/an. Elle est de 5 dans ces immeubles. Les émissions danoises de CO_2 sont en moyenne de 3,2 tonnes/personne/an et de 1,1 sur ces deux bâtiments. D'autres études ont montré des résultats très éloignés des attentes, mais il est admis aujourd'hui que certains architectes ont surévalué les prévisions de performances, dans le seul but de voir leur projet accepté.

Un suivi énergétique des bâtiments a été assuré pendant deux ans. Pendant cette période, des réunions ont été organisées entre occupants, afin de maintenir l'intérêt sur les questions énergétiques et environnementales. Des concours entre immeubles récompensaient ceux dont les consommations étaient les moins élevées. Un programme nommé « A good start » expliquait aux nouveaux arrivants les techniques utilisées lors de cette rénovation et ce qu'est l'écologie urbaine.

En 2001, le gouvernement social-démocrate danois qui dirigeait le pays de longue date a été remplacé par un gouvernement de droite libérale. Progressivement, les fonds sociaux se sont réduits. La structure municipale de concertation et d'information que dirigeait Kurt Kristensen a été dissoute et remplacée par une agence privée qui n'a plus les moyens d'effectuer d'éventuelles études ou de prendre le temps d'informer les nouveaux arrivants des enjeux écologiques du site.

Cotisation pour les espaces verts

La rénovation de l'îlot a augmenté considérablement la qualité de vie des habitants. La cour, vaste de plus de 5 000 m^2, accueille des tables où déjeuner aux premiers rayons de soleil, des espaces verts, des parkings à vélos, des locaux à poubelles agrémentés de plantes grimpantes et un vaste espace communautaire. Souhaité par beaucoup d'occupants, cet espace est installé au centre du bloc[1] et comprend une laverie et des salles communes dont une cuisine, où s'organisent des réunions, des cours de yoga, de musique... Ces parties communes, ainsi que les espaces verts, sont gérés par une association à laquelle chaque habitant cotise à raison de 3 euros par an et par m^2 de logement.

Le toit engazonné de l'espace communautaire accueille un toboggan et sa pelouse est un espace de jeux pour les enfants.

Le vélo est un mode de déplacement très apprécié à Copenhague.

Dans ce quartier situé non loin de la gare centrale, où réside une population déshéritée et en grande partie immigrée, où les principaux commerces ont longtemps été des sex-shops, une mutation est en train de s'opérer. Les faibles loyers commerciaux ont permis à une population de transition constituée d'une jeunesse branchée et d'artistes d'installer des commerces d'avant-garde, des cafés alternatifs, et ainsi de donner un autre souffle à Vesterbro. Petit à petit, l'immobilier du quartier a pris de la valeur et cette partie de Copenhague se fait plus bourgeoise que bohème.

D'autres rénovations ont été réalisés dans le quartier de Vesterbro, afin de rendre ces immeubles de la fin du XIXe plus confortables.

Pour en savoir plus...sur le vélo !

Le vélo est indissociable du mode de vie des Danois. Une réelle culture du vélo existe et marque indiscutablement la ville de son empreinte. Des sites Internet permettent de se plonger dans ce mode de transport :

- Sur les vélos à trois roues, très utilisés à Copenhague et au Danemark :
  > www.christianiabikes.com, fabriqués dans le quartier alternatif de Christiania
  > www.nihola.de
- Une série de 5 films sur Copenhague et le vélo :
  > http://fr.youtube.com/watch?v=ibCcp0Y3OB0&feature=related
- Du vélo comme art de vivre :
  > www.copenhagencyclechic.com
  > http://fr.youtube.com/watch?v=a_8dGodhGtl
  > http://abillionbikes.tv

1. À l'endroit où se trouvait un bâtiment détruit en 1972 et qui séparait l'actuelle cour en deux parties. Cette démolition a offert un réel gain en luminosité et en espace.

La rénovation de l'îlot a considérablement augmenté la qualité de vie de ses habitants.

FRANCE

6 Bazouges

Renouveau d'une commune

Repères

- Réalisation d'un lotissement de 22 pavillons sur des parcelles de 400 à 800 m^2 avec un cahier des charges écologique et construction d'un immeuble accueillant 10 logements sociaux de 50 à 70 m^2.
- Début des discussions en 2001, fin des premières maisons fin 2005.
- Les maisons intègrent au moins du solaire thermique, une citerne pour la récupération de l'eau de pluie, des matériaux propres et sont souvent à faible consommation énergétique.

L'architecture des pavillons du lotissement des Courtils est libre. Ils sont souvent construits en bois.

1. Ecolotissement Les Courtils (22 pavillons)
2. Partie HLM du lotissement (10 logements)
3. Rue centrale à sens unique et limitée à 30 km/h
4. Deuxième lotissement à venir
5. Parkings, à l'écart des habitations
6. Etang de Bazouges

L'emplacement de certaines maisons n'est pas connu au moment où nous publions ce livre : elles ont donc été placées de manière indicative.

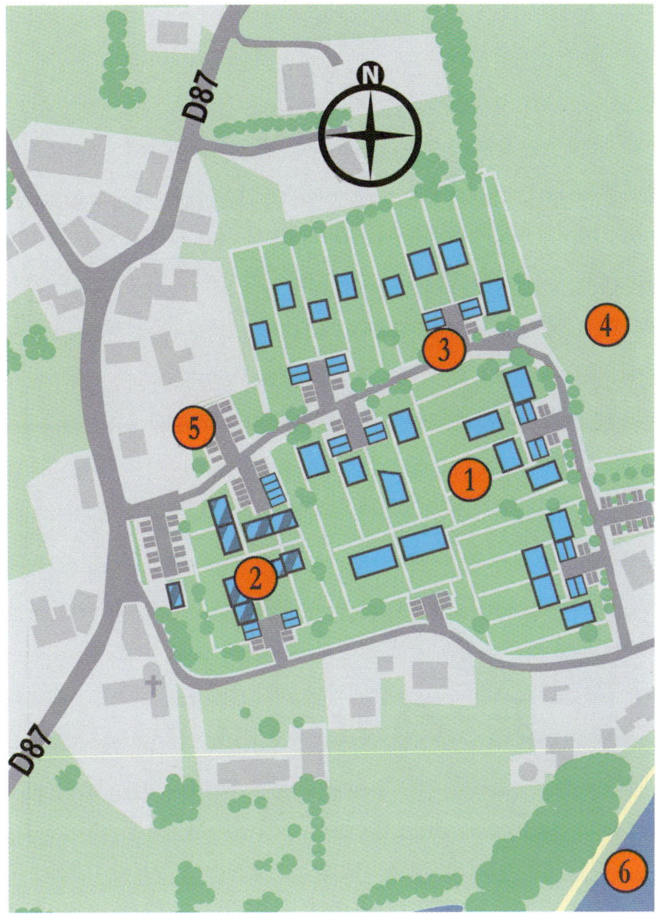

Points remarquables

Projet né de la motivation d'un maire, cet aménagement est devenu un exemple régional, voire national

Dans la petite commune bretonne de Bazouges-sous-Hédé, l'initiative d'un maire dynamique de créer le premier écolotissement de France représente une réelle innovation et mériterait d'être suivie par beaucoup d'autres municipalités.

Le bourg de Bazouges, situé à une trentaine de kilomètres de Rennes, est implanté sur 1 500 hectares et compte 1 000 habitants. Cette commune, dotée d'un cadre naturel agréable – son étang est classé en site Natura 2000 – a connu le parcours de beaucoup d'autres communes françaises : la disparition des cafés et des commerces conjuguée à la fin des transports en commun et au développement de la voiture ont affadi le lieu. En 1973, pour éviter l'hémorragie, deux communes voisines, Hédé et Saint-Symphorien, se regroupent avec Bazouges. Mais contrairement aux espérances, cette fusion ne fera qu'accélérer la perte d'identité des communes, avec notamment la fermeture de l'école de Bazouges. Aussi les élus font-ils marche arrière pour aboutir, le 1er janvier 2008, soit vingt-cinq ans plus tard, à une annulation du regroupement des trois communes.

La proximité de la métropole rennaise provoque une pression immobilière, et en 2001 se pose la question de l'autorisation de construction d'un lotissement prévu de longue

Jean-Christophe Benis, maire de Bazouges, est à l'origine du projet de lotissement écologique.

date sur des terrains achetés dans les années 1990 par la commune. Comme la demande de logements est réelle, son utilité n'est pas remise en cause. Personne ne souhaite bloquer l'évolution du village, où quelques pavillons sans caractère ont fleuri au fil des dernières décennies. La question est de savoir comment faire un lotissement différent dans un cadre respectueux de l'environnement. Jean-Christophe Benis, maire délégué[1] de Bazouges et de sensibilité verte, devient le moteur du projet. À 43 ans, ce père de trois enfants cumule son travail d'éleveur de poulets en agriculture raisonnée et ses fonctions d'élu. Le projet de Bazouges est le fruit de sa sensibilité environnementale et d'une éducation ouverte aux problèmes du monde.

Un cahier des charges environnemental

Cette petite commune, qui n'a ni les compétences ni le personnel pour mener un tel projet, décide de le confier à un promoteur local qui est prêt à s'ouvrir aux questions environnementales. Mais au bout d'un an de travail, la commune n'est pas satisfaite : le prix des prestations augmente et le contenu environnemental diminue, ce qui met fin à la collaboration. La commune reprend seule la maîtrise d'ouvrage et se fait conseiller par deux architectes connus pour leurs réalisations environnementales, Georges Le Garzic et Bernard Menguy, ce dernier travaillant alors sur un projet d'écovillage à

Le cahier des charges

- Les obligations : 20 des 22 maisons sont construites par groupes de 4 avec, en bord de rue, un regroupement de 4 garages en bois. L'utilisation de panneaux solaires thermiques est obligatoire, mais le nombre de m² par habitation n'est pas spécifié. L'emploi du PVC, des parpaings et des bois exotiques est interdit. La commune fournit un composteur et une cuve de 7 000 litres qui sert à la récupération de l'eau de pluie pour les besoins de jardinage ou les chasses d'eau, que les propriétaires ont la charge d'installer.
- Les recommandations : utiliser des matériaux sains et naturels (paille, chaux, briques. .) et du bois local pour la construction et le chauffage.
- Libre choix : aucune spécification en matière de consommation énergétique des bâtiments ou d'installation de solaire photovoltaïque. L'expression architecturale des 22 maisons est libre.
- Les terrains ont une taille qui varie entre 400 à 800 m² par pavillon.
- La voie de circulation qui serpente dans le lotissement est à sens unique et limitée à 30 km/h. La mairie a fait réaliser des plantations dans le lotissement et le long de la rue qui le traverse. L'éclairage public est économe en énergie et les lampadaires sont fabriqués en bois.

20 des 22 maisons sont construites par groupes de quatre avec, en bord de rue, un regroupement de 4 garages en bois. Ces garages sont spacieux et offrent de grands espaces de rangement.

Plouray, une commune du Morbihan. Ils établissent un cahier des charges environnemental pour la construction d'un bâtiment de 10 logements sociaux et pour cadrer les permis de construire qui seront délivrés aux acheteurs des 22 lots mis en vente par la commune. Il est notamment interdit de construire en parpaings et obligatoire de s'équiper de panneaux solaires thermiques, ainsi que d'un réservoir de récupération d'eau de pluie. Les élus comprennent qu'imposer un lotissement vert est réalisable et qu'une liste de bonnes intentions n'aurait pas été suffisante : les acheteurs risquaient de s'en détourner sans que la commune puisse intervenir. Le conseil municipal approuve en 2003 le plan d'aménagement du lotissement Les Courtils et, un an plus tard, l'autorisation de lotir est donnée.

Une réflexion sur la place de la voiture dans le quartier est lancée. La commune de Bazouges, qui n'est desservie par aucun transport en commun, décide de relativiser le rapport à la voiture. Elle oblige ainsi à construire des garages en bois non tropical, à l'écart des habitations. En effet, le conseil municipal retient l'argument santé mis en avant par certaines études montrant que, dès lors que le garage fait partie intégrante de l'habitation, des éléments nocifs passent dans les pièces habitées. Cette décision a été

Les lampadaires du lotissement des Courtils sont en bois, et non en métal !

une des plus délicates à faire accepter. La municipalité aurait pu aller plus loin et mettre les voitures à l'extérieur du lotissement, mais une part importante des élus n'était pas mûre pour cette innovation.

Une part de logement social

Par souci de mixité sociale, la municipalité a aussi souhaité accompagner le lotissement d'un bâtiment de 10 logements locatifs. Séduits par le concept environnemental, les responsables OPAC locaux ont fait des efforts qui restent néanmoins limités (voir ci-contre).

Le bâtiment OPAC (Office public d'aménagement et de construction)

Les 10 logements locatifs réalisés par l'OPAC 35, désormais appelé Habitat 35, ne répondent pas au même cahier des charges environnemental que le reste du projet. Certes les constructions sont en briques, en bois et mieux isolées que la réglementation thermique ne le demande[2], mais elles n'intègrent pas de panneaux solaires et restent équipées en tout-électrique. Habitat 35 a consenti à faire quelques efforts en ne construisant pas en parpaings, en intégrant un chauffage électrique de meilleure qualité (avec accumulation) et en acceptant l'eau de pluie comme alimentation des WC et des machines à laver le linge. Aller au-delà aurait trop augmenté ses budgets habituels d'investissement. On regrette que même dans le cadre d'un projet exemplaire, des structures étatiques n'aient ni le courage ni la volonté de vraiment montrer l'exemple.

Bâtiment locatif réalisé par l'OPAC 35. Contrairement au reste du lotissement, les bâtiments OPAC n'intègrent pas de panneaux solaires thermiques.

Le premier permis de construire est déposé en avril 2005. Les premières maisons sont habitées en fin d'année. La communauté de communes suit avec intérêt le travail fait à Bazouges et la région lui alloue en deux fois 145 000 euros de subventions.

En parallèle, Jean-Christophe Benis et son équipe veulent pousser la réflexion plus loin que la construction d'un lotissement. Ils organisent le *Forum de l'habitat sain et des économies d'énergie*, qui se déroule pour la première fois en

La rue qui traverse le lotissement est à sens unique et la circulation y est limitée à 30 km/h.

septembre 2003. Depuis, il se répète chaque année et accueille aujourd'hui 1 500 visiteurs, contre 300 à ses débuts. Des exposants présentent des matériaux sains, et des démonstrations de mise en œuvre exécutées par des artisans locaux ont lieu pour le public.

L'installation d'un boulanger

L'arrivée de ce lotissement a révolutionné une petite commune endormie. Certaines façons de construire ont fait jaser, comme l'utilisation de bottes de paille ou le fait que des nouveaux propriétaires bâtissaient leur maison de leurs mains. Le temps passé à terminer des chantiers a provoqué des irritations chez certains. D'autre part, l'accent mis par la municipalité sur un habitat sain et économe en énergie a entraîné des réactions d'habitants qui pensaient que cela remettait en question leur propre habitat. Mais de bonnes initiatives ont permis de contrebalancer le tout. Parmi les nouveaux habitants, certains n'ont pas hésité à inviter les autres villageois chez eux, les amenant ainsi à porter un regard positif sur le lotissement « vert ». D'autant plus que cela venait à un moment où les médias accordaient une importance croissante aux thématiques environnementales et énergétiques.

Ce renouveau apporte de l'activité économique à la commune, comme en 2005 l'ouverture d'une boulangerie bio, une première pour ce bourg qui n'avait jamais eu de boulanger auparavant. Un apiculteur est venu également s'y installer. La même année, la rédaction du magazine *La Maison écologique* transporte ses bureaux dans l'ancien presbytère, faisant délibérément le choix de rester en milieu rural et de montrer qu'un organe de presse national peut s'implanter dans un village et travailler efficacement avec les techniques modernes de communication. La rédaction souhaite également ouvrir une épicerie de produits bio ou locaux, un café ainsi qu'un centre de démonstration aux techniques de construction écologique. Quant à la commune, elle n'entend pas en rester là et compte inciter des entreprises travaillant dans le secteur de l'environnement à s'installer sur un terrain d'un hectare qu'elle possède.

Un couple d'Anglais motivés

David et Liz Hallifax sont d'origine anglaise. Ils vivent en France depuis 1981 et à Bazouges depuis 2005. Directeur de l'entreprise Stramentech, spécialisée dans la réalisation de panneaux de paille compressée, David a fait construire une maison à ossature bois et panneaux de paille. Équipé de 2 m^2 de panneaux solaires sous vide posés en façade, ce bâtiment compact est chauffé par un unique poêle de masse et leur a coûté 170 000 euros (garage compris et sans tenir compte des crédits d'impôts).

David et Liz ont vécu plusieurs années dans un lotissement d'Île-de-France où ils ont mis quatre ans à connaître certains de leurs proches voisins. Une expérience qu'ils ne voulaient pas renouveler. Ils estiment que l'« écomotivation » des habitants des Courtils est un vrai moyen de connaître ses voisins. D'ailleurs les « courtiliens » échangent des adresses d'artisans ou des informations sur des questions techniques liées au bâti écologique. Beaucoup d'habitants sont encore occupés par leur chantier, mais David, 56 ans, ne doute pas que le climat sera encore plus convivial dans quelque temps.

Liz, 55 ans, professeur d'anglais, marque aujourd'hui une pause dans sa vie professionnelle et s'investit dans la vie locale. Les petits commerces, les cafés accueillants ou les transports en commun font pour l'instant défaut, mais elle travaille à la mise en place prochaine d'un marché hebdomadaire.

Un des rares projets écologiques français réalisés, Bazouges attire des visiteurs et la presse, ce qui irrite certains habitants. Pour David, qui est aussi conseiller municipal, il faut certes que cesse l'incivisme de certains visiteurs, mais il faut accepter ces passages, nécessaires à la promotion des idées environnementales.

Un tissu d'associations

Diverses structures locales ont directement ou indirectement aidé à la réalisation du projet de Bazouges.

- L'Association du petit patrimoine s'occupe de la sauvegarde du patrimoine local ancien et propose également des stages théoriques et pratiques de construction avec des matériaux sains. Ces stages ont servi à la réalisation en autoconstruction de certaines maisons.
- Bruded (Bretagne rurale et rurbaine et développement durable) regroupe uniquement des communes de la région actives dans le développement durable, qui souvent ont pris des initiatives pour construire une école HQE, implanter une chaudière collective au bois ou développer de la restauration bio. Bruded permet aux élus d'échanger des informations et de visiter des réalisations exemplaires.

Chaque pavillon doit intégrer du solaire thermique. Les propriétaires ont le choix du matériel.

Du logement passif

Après le succès de ce premier lotissement, un deuxième est prévu pour 2009 sur une parcelle de 7 000 m^2. Toutes les constructions seront aux normes passives. La mairie y proposera cinq lots libres, ainsi que l'édification de trois bâtiments comportant trois logements familiaux. Chaque bâtiment sera équipé d'une buanderie commune, d'une pièce servant de chambre d'amis et d'une salle de jeux. Cette mutualisation des équipements permettra de faire des économies d'échelle et d'énergie. À l'image des *Baugruppen*, les trois groupes de trois familles devront réfléchir ensemble à leur projet de bâtiment, et ce, avec le soutien des architectes Bernard Menguy et Georges Le Garzic. Le prix de vente des terrains restera faible, afin de favoriser la mixité sociale.

Au-delà de ce nouvel élan donné à sa commune, le maire de Bazouges reconnaît que l'ensemble du projet a été long à monter. Il a fallu changer les habitudes des techniciens, des ingénieurs, des bureaux d'étude, de l'administration… Il y a aussi les « si c'était à refaire ». Ainsi, le géomètre qui s'est trompé de quelque 20 degrés dans la réalisation de ses relevés a empêché l'optimisation des principes de l'architecture bioclimatique et les bâtiments sont moins bien orientés par rapport au soleil. Mais au final, les élus qui ont défriché eux-mêmes les questions environnementales et énergétiques ont prouvé qu'elles n'étaient pas le domaine réservé de quelques spécialistes.

Pour en savoir plus

- On trouve un plan du site sur : www.archi.fr/CAUE45/formation/img_finlande2006/ficheBazougues.pdf
- Association Bruded : www.bruded.org
- La Maison écologique : www.la-maison-ecologique.com
- Architecte Georges Le Garzic : www.legarzic-archi.com (actuellement sans contenu)
- Habitat 35 : www.habitat35.fr

1. Titre donné au maire d'une commune dans le cadre d'une fusion de plusieurs villages.
2. C'est la réglementation thermique dite RT2000 qui est appliquée et qui prévoit une consommation de 100 kWh/m^2/an. L'OPAC a retenu RT2000 – 20 %, soit 80 kWh/m^2/an.

Liz et David Hallifax vivent à Bazouges depuis 2005. Ils y ont fait construire une maison à ossature bois et panneaux de paille.

FRANCE

Paris

7 L'EcoZAC, une mobilisation citoyenne réussie

Repères

- Lobbying d'un groupe d'habitants pour la réalisation d'une ZAC (zone d'aménagement concerté) écologique sur une friche de 3,8 hectares.
- Début de la concertation en 2003, fin des travaux prévue vers 2012.
- Consommation énergétique moyenne de l'ensemble de la ZAC : 50 kWh/m²/an.
- De 4 000 à 4 200 m² de panneaux solaires photovoltaïques et de 150 à 200 m² de panneaux solaires thermiques seront installés.
- Récupération de l'eau de pluie.
- Parc de voitures partagées.

Le quartier de la Place de Rungis depuis une tour de l'avenue d'Italie, en 2006. Sur la gauche, les voies ferrées de la Petite Ceinture. À côté, la future ZAC (zone non construite), avec au milieu les anciens hangars où étaient stockées les marchandises.

1. Équipements publics (9 400 m^2 prévus)
2. Jardins (5 000 m^2 prévus)
3. Logements (13 000 m^2 prévus, soit 250 logements, dont 180 pour étudiants, pour environ 380 habitants)
4. Bureaux (19 000 m^2 prévus, pour 750 usagers)
5. Ancienne ligne de chemin de fer de la Petite Ceinture
6. Maison des associations
7. Ligne de tramway

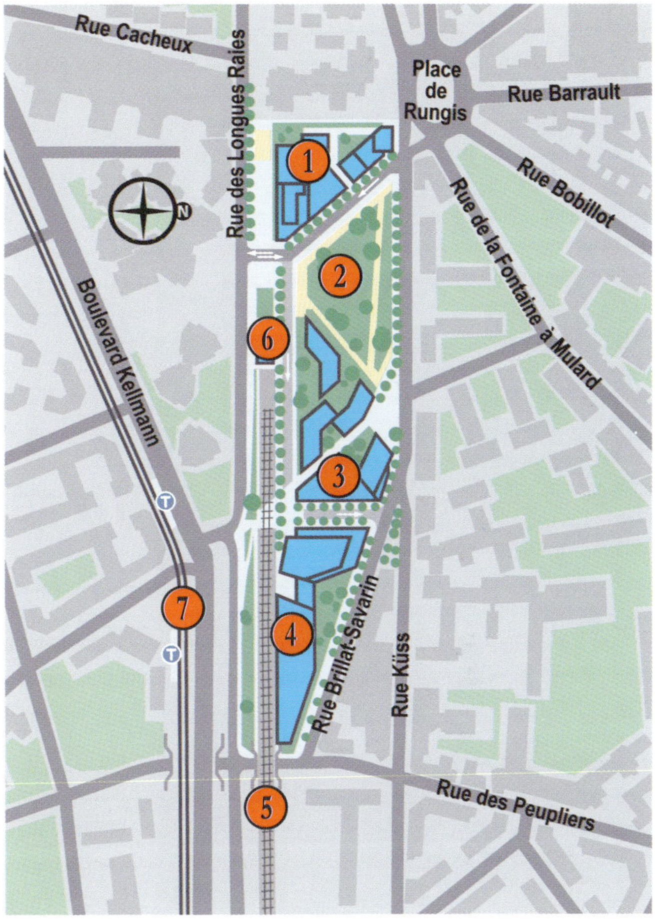

Points remarquables

Ce premier écoquartier de Paris, impulsé par un groupe d'habitants, a fait comprendre de façon pratique les enjeux du développement à de nombreux responsables locaux

Lorsqu'un programme d'urbanisation de 3,8 hectares est lancé place de Rungis dans le sud du XIIIe arrondissement de Paris sur un ancien site ferroviaire, une association se met en place pour promouvoir une profonde réflexion sur l'énergie et les transports. Ce lobbying environnemental s'appuie sur un vaste échange d'informations ainsi que des visites d'autres quartiers durables d'Europe. Cette mobilisation aboutira à la création du premier écoquartier de Paris.

Début des années 2000, une concertation est lancée à propos de l'aménagement d'une ZAC (zone d'aménagement concerté) à quelques minutes de mon domicile parisien. Comme ce projet ne comprend rien de notable en matière de réflexion environnementale, quelque chose m'interpelle qui m'oblige à agir. Les responsables politiques du quartier issus d'une coalition PS-PC-Verts, qui se disent concernés par des questions d'environnement, ne s'engagent pas dans cette direction. Tout le monde se contente d'un aménagement classique ou presque, où les bâtiments seront peu isolés et où la priorité sera laissée aux déplacements automobiles. Malgré les beaux discours, on continue d'urbaniser comme dans les années 1980 et 1990[1]. Pourtant, le pétrole vaut dans les 70 dollars le baril et le futur projet du tramway des Maréchaux[2], un des projets phares de la mandature du maire de Paris en matière de transports en commun, passera au pied des immeubles de la future ZAC.

À l'origine de l'Ecozac

Journaliste pigiste spécialisé dans l'environnement, les énergies renouvelables et les transports, et auteur de ces lignes, j'ai depuis longtemps l'habitude d'aller régulièrement en Suisse, en Autriche ou en Allemagne pour visiter des réalisations exemplaires. Par réalisations, il faut entendre des bâtiments collectifs ou individuels très économes en énergie et construits avec des matériaux locaux et propres. En 2002, l'exemplarité s'est déplacée vers l'Angleterre, avec les bâtiments collectifs de BedZED, à Beddington au sud de Londres. Fonctionnant à 100 % sans énergies fossiles, ces bâtiments sont rapidement devenus une référence, car construits dans un pays plus connu pour sa pluviosité que pour son ensoleillement. Je m'y suis rendu à plusieurs reprises et j'ai constaté le grand intérêt suscité par cette réalisation. Quand, en France, le projet d'aménagement de la ZAC de la place de Rungis a été rendu public, j'ai décidé, avec quelques autres personnes, de saisir cette opportunité et de m'investir pour que Paris ait, enfin, son quartier exemplaire.

Face au réchauffement climatique à venir et à la montée des prix du pétrole, il est navrant de constater qu'une municipalité avec sa cohorte de conseillers et de décideurs n'est pas capable de s'informer et de voir au-delà de décennies d'habitudes. Même dans les réunions de quartier, personne ne tente vraiment d'être ouvert aux thèmes de l'époque. Le niveau de prise en compte des questions environnementales est faible, pour ne pas dire inexistant. Et aucun responsable local ne tente de combler ce déficit.

La nécessité de se constituer en association

Devant un tel manque d'engagement, à l'été 2004, je constitue un dossier sur la nécessité de réaliser un premier quartier durable à Paris, que je fais parvenir à des élus et des responsables de la ville. Mais même après relance des destinataires, les échos sont maigres : sur une quarantaine d'envois, les seuls retours se résument à une lettre de remerciement proche du formulaire administratif type et un rendez-vous avec le premier adjoint de la mairie du XIIIe.

Pour influer sur le dossier, il faut pouvoir prendre part aux séances plénières de concertation qui ont lieu régulièrement en mairie d'arrondissement et être une organisation dite représentative. Il faut donc constituer une association, car celles du quartier n'arriveraient pas à porter un projet écologique fort. Je contacte alors diverses personnes au sein de structures comme Greenpeace, Négawatt, le CLER, Wise-Paris[3]… Un groupe se constitue autour de responsables d'associations environnementales parisiennes, d'un spécialiste des questions énergétiques auprès des Nations unies et de bénévoles du groupe parisien de Greenpeace. Tous connaissent de près ou de loin les questions environnementales et énergétiques. Nous sommes donc un groupe de citoyens concernés par ces thèmes, mais un groupe apolitique. Nous écrivons une plateforme d'objectifs, un logo est dessiné, un site Internet est mis en place, des tracts et des affiches sont imprimés sur papier recyclé avec encres végétales. Et le 9 mai 2005, l'association Les Amis de l'EcoZAC de la place de Rungis Paris XIIIe est officiellement créée[4].

La partie sud de la ZAC de la Place de Rungis avec les voies ferrées de la Petite Ceinture.

Tracts, DVD et soirées débats

Comme le cahier des charges de la ZAC doit être rendu en juin 2006, il ne nous reste qu'un an pour influer sur le dossier. Même si la mairie du XIIIe vient de faire voter au Conseil de Paris un vœu pour que l'aménagement de la ZAC se fasse sous le signe du développement durable, l'arrivée des Amis de l'EcoZAC jette un froid dans les premières réunions. Ni la mairie, ni la société d'économie mixte, la Semapa[5], qui gère l'urbanisation du site ne nous accueillent à bras ouverts. Nous sommes vite estampillés « écolos » avec tout ce que cette étiquette véhicule de clichés.

Des tracts sont distribués sur les marchés du XIIIe et dans un café du quartier, des soirées débats baptisées « les jeudis de l'EcoZAC » sont organisées. À ces occasions, nous diffusons des DVD sur les quartiers durables de BedZED et de Fribourg-en-Brisgau[6]. Ces réunions attirent des personnes qui se sentent concernées par ces questions d'écologie, car il s'agit de se mobiliser pour du concret qui touche le quotidien des habitants. Le premier adjoint de la mairie du XIIIe, Jérôme Coumet, est parfois présent lors de ces rencontres.

Nous nous rendons vite compte que, pour être efficaces, nous ne pouvons pas travailler sur ce dossier quelques heures par semaine seulement, en fonction de notre temps libre. Quelqu'un devrait effectuer ce lobbying au quotidien. L'association embauche une coordinatrice salariée. Afin de payer ce salaire, certains membres avancent de l'argent à l'association, qui par la suite fait des demandes de subventions auprès de fondations pour assurer sa pérennité financière.

Un voyage outre-Manche

Les tracts distribués sur les marchés touchent les habitants du quartier, mais il faut également pouvoir toucher des décideurs sur une plus large échelle et les informer qu'une association s'active pour un véritable projet exemplaire. Nous contactons des responsables de la Ville de Paris et de la région Île-de-France. Même si tous ces acteurs n'ont pas un réel pouvoir sur le dossier, il nous apparaît primordial de les rencontrer : les discussions informelles entre élus et décideurs feront le reste.

Il faut aller encore plus loin. Discuter de réalisations environnementales exemplaires est une chose, montrer des DVD est une bonne initiative, mais cela reste théorique. Le 17 novembre 2005, nous emmenons une quinzaine de personnes pour une journée à BedZED, parmi lesquelles des journalistes, des habitants de l'arrondissement et le premier adjoint à la mairie du XIIIe. Le voyage en Eurostar est convivial. Le temps passé dans le train permet de se connaître et de dialoguer.

Le 14 décembre 2005, lors d'une réunion en mairie du XIIIe, nous apprenons que des avancées importantes ont eu lieu. Il est question entre autres d'implanter du solaire photovoltaïque, du solaire thermique, de récupérer l'eau de pluie pour l'usage des jardins et d'inciter à ne pas mettre de climatisation dans les bureaux. Serait-ce lié au voyage outre-Manche ? Il est difficile de répondre. Nous comprenons que nos démarches mobilisent certaines personnes motivées au sein des services de la Ville de Paris. La porte commence à s'entrouvrir. Il faut désormais la pousser en grand.

Un autre élément important dans la prise de conscience des décideurs est la présentation du scénario Négawatt à une quinzaine de personnes de la Ville de Paris et de la mairie du XIIIe réunies dans les bureaux de la Semapa, le 23 février. Ce scénario énergétique sobre souligne que la première source d'énergie, c'est les économies d'énergie, et que la France peut émettre moins de CO_2 et vivre sans nucléaire. Nous ne sommes pas loin de penser que certains responsables comprennent enfin les enjeux globaux de la question énergétique et sont capables de les replacer dans le contexte de la place de Rungis.

Le solaire passif

L'énergie solaire passive est celle que le soleil diffuse en se posant sur les façades des bâtiments. Elle représente 30 à 40 % du potentiel énergétique d'un immeuble. Un bâtiment mal placé par rapport à la course du soleil consommera 30 à 40 % d'énergie de plus qu'un bâtiment identique bien positionné.

Un hôtel 100 % énergie renouvelable

Le lendemain de cette présentation, nous enchaînons sur notre premier déplacement de deux jours à Fribourg-en-Brisgau, où se trouve une importante densité de bureaux et de logements exemplaires. Nous sommes une quinzaine de personnnes. Le programme comprend une visite de l'institut de recherche Fraunhofer et de son département ISE (Institut für Solare Energiesysteme) spécialisé dans l'énergie solaire. Avant sa construction, les spécialistes de l'ISE ont pris en compte l'orientation et le potentiel solaire de la parcelle, avec calcul des éventuelles ombres portées par les bâtiments voisins, afin de déterminer où se trouve le maximum d'énergie solaire passive (voir page précédente). Dit autrement, un bâtiment mal pensé peut consommer 30 à 40 % d'énergie en plus. Le bâtiment de l'ISE est préchauffé et refroidi via un puits canadien (voir ci-contre), il intègre aussi du solaire photovoltaïque sur certaines de ses façades, ainsi qu'un système nocturne de refroidissement par circulation d'air. Il ne fait donc appel à aucune climatisation.

Le puits canadien

À deux mètres sous terre, la température du sol est constante entre 10 à 12 °C. Le puits canadien, encore appelé puits provençal, consiste à aspirer de l'air extérieur et à le faire passer dans une tuyauterie placée sous terre pour qu'il prenne la température du sous-sol. Ainsi en été, l'air qui transite par le puits canadien arrive plus frais que l'air extérieur et aide à refroidir des pièces sans recourir à la climatisation. En plein hiver, cet air qui a bénéficié de la relative douceur du sous-sol aide à la montée en température de l'air intérieur.

Un autre point important de ce séjour à Fribourg est le choix du lieu où nous résidons, l'hôtel Victoria, qui fonctionne à 100 % aux énergies renouvelables. L'idée de ne dépendre que des énergies propres a été développée au fil d'une vingtaine d'années par les propriétaires du lieu, Astrid et Bertram Späth. Tous deux ont participé aux luttes antinucléaires des années 1970 et notamment celle contre l'implantation d'une centrale dans le village de Wyhl am Kaiserstuhl, non loin de Fribourg. Lorsqu'en 1985, ils reprennent la direction de l'hôtel, ils ont pour objectif d'améliorer l'empreinte écologique de ce quatre-étoiles de 63 chambres. Leur engagement hôtelier commence par des actions à petite échelle : l'utilisation de lessives sans phosphate, à l'encontre de l'avis général selon lequel le linge ne serait jamais correctement lavé. Puis, avec l'aide

Visite de Fribourg organisée en 2007 par les Amis de l'EcoZAC. À gauche, visite de l'Institut Fraunhofer et présentation de la maquette du bâtiment. À droite, photo de groupe devant les bâtiments à énergie positive de Rolf Disch. Ce groupe comprend notamment Yves Contassot (dernier rang à gauche), alors adjoint au Maire de Paris en charge de l'environnement.

d'un bureau d'études, ils réfléchissent aux besoins énergétiques d'un établissement hôtelier. Ceux-ci se concentrent en début et en fin de journée lorsque les demandes en eau et en électricité sont les plus fortes, alors que le solaire produit surtout en milieu de journée. Aujourd'hui, l'hôtel possède trois sources d'énergie : des capteurs thermiques et photovoltaïques sur le toit et une chaudière à granulés de bois. Les Späth ont aussi des parts dans des éoliennes situées non loin de Fribourg. Récemment, ils ont installé un système de refroidissement des chambres qui fonctionne grâce à un forage d'eau froide effectué dans la cour de l'hôtel.

Une visite des quartiers de Riesenfeld et de Vauban est également nécessaire pour montrer aux élus comment peut se concevoir un urbanisme durable. Riesenfeld est un quartier neuf dont la construction de 4200 logements a débuté au milieu des années 1990 et se terminera vers 2010. 12000 personnes y habiteront. La mise en service au début des travaux d'une ligne de tramway centrale au quartier a montré le rôle primordial que ce moyen de transport pouvait jouer. Très visible, il permet aux gens de comprendre que l'usage de la voiture n'est absolument pas une nécessité. À Rieselfeld comme à Vauban, les habitants peuvent se regrouper dans une *Baugruppe*, une société de copropriétaires, afin de faire construire sans promoteur un bâtiment collectif. Ils travaillent avec l'aide d'un architecte et doivent respecter un cahier des charges élaboré par la mairie. Parmi les obligations figure celle de construire des bâtiments qui consomment au plus 65 kWh/m^2/an.

Vue de la ZAC de la Place de Rungis en avril 2009. La Petite Ceinture, à droite, à été couverte par un tunnel en béton.

L'association des Amis de l'Ecozac a emmené de nombreux élus à Fribourg-en-Brisgau. Au programme, entre autre, la visite de la centrale solaire du toit de l'hôtel Victoria.

Dans le quartier de Vauban, ancien site des casernes de l'armée française, l'exemplarité environnementale est encore plus forte avec un nombre important de bâtiments passifs, notamment celui où réside Andreas Delleske, spécialiste des questions énergétiques. Le seul chiffre de la facture énergétique annuelle de son appartement permet de comprendre la qualité de la réalisation de l'immeuble: 180 euros. Dans le même quartier, la Solarsiedlung de Rolf Disch est un ensemble de bâtiments à énergie positive. Ils produisent en moyenne annuelle plus d'énergie qu'ils n'en consomment.

Fribourg n'est pas un laboratoire, c'est une ville qui a compris que notre monde devait changer et qui s'applique à elle-même des principes que d'autres se contentent d'énoncer et de répéter.

Revendicatifs et constructifs

Les visites produisent un effet extrêmement positif: les participants ont pu voir l'application concrète de principes écologiques souvent mal compris.

Au printemps 2006, nous mettons en place une campagne de cartes postales que chaque personne peut retourner au maire du XIIIe arrondissement, afin d'exprimer son envie de voir une EcoZAC se construire, ou le cas échéant son souhait d'y habiter ou d'y avoir le siège de son entreprise. Cette campagne portera ses fruits: le maire du XIIIe a dû recevoir quelque 800 cartes. Nous apprenons que l'EcoZAC fait beaucoup parler et réfléchir en mairie centrale et que la date de rendu du cahier des charges est repoussée.

C'est en mars 2007 que nous sommes informés lors d'une réunion de concertation en mairie que nos objectifs ont été pour la plupart pris en compte. La ZAC aura des bâtiments bien isolés et l'ensemble de la zone consommera en moyenne 50 $kWh/m^2/an$. Les bâtiments intégreront du solaire thermique, du solaire photovoltaïque et des systèmes de récupération d'eau de pluie pour alimenter les jardins et les chasses d'eau. Une étude géothermique est en cours. En matière de transports, la priorité est donnée aux transports doux: la ZAC sera une zone essentiellement réservée aux piétons et cyclistes, les parkings en sous-sol seront limités et comprendront un parc de voitures partagées.

Ce qu'il n'a pas été possible d'obtenir

- Une voie ferroviaire désaffectée qui fait le tour de Paris, la Petite Ceinture, traverse le sud de la friche et la relie notamment à la Seine. Il aurait été théoriquement possible d'évacuer les gravats du chantier et de l'approvisionner en utilisant les voies ferrées et le fleuve. Un ou deux trains quotidiens auraient pu acheminer les gravats vers le fleuve. Une fois sur des barges, ils auraient rejoint les plateformes franciliennes de recyclage des déchets du BTP dont certaines se trouvent sur des voies fluviales. Mais étonnamment, demander une étude sur la faisabilité de ce mode de transport n'a pas intéressé les autres associations du quartier. Les riverains subiront donc les nuisances sonores engendrées par des années de chantier et de convois de camions. Dommage.
- La ZAC aura une consommation énergétique moyenne annuelle de 50 kWh/m²/an. Il aurait été possible de consommer moins en déplaçant le triangle des équipements publics (crèche, maison de retraite et halte-garderie) d'une zone située à l'ombre de plusieurs tours vers un endroit mieux exposé. Une étude aurait permis de mettre ce point en évidence.
- Un sondage géothermique a été réalisé en mars 2007 à une profondeur de 60 mètres. L'eau à 12 °C située à cette profondeur aurait pu préchauffer et refroidir les immeubles de bureaux qui seront sans climatisation. La cartographie de la géothermie en Île-de-France donnait de bonnes chances de réussite à ce forage. Mais les données concernant la qualité d'eau présente se sont révélées inexactes et le débit insuffisant pour être exploité. Le forage a été abandonné.
- Sur la friche se trouvaient un vaste hangar en bois et un petit bâtiment en briques qu'il aurait été possible de conserver en en intégrant une partie au futur pôle d'équipements publics. Malheureusement, perpétuer la mémoire du lieu n'a intéressé personne et tout a été rasé. Des matériaux pourtant en bon état (poutres, tuiles et briques) n'ont même pas été récupérés. Ils auraient pu être utilisés par exemple dans la future Maison de quartier prévue sur la ZAC.

Corinne Lepage (en vrai), ancienne ministre de l'Environnement et fondatrice du mouvement politique Cap 21…

À ce stade du projet, si nous faisons un bilan de nos actions, il nous amène à constater que si tout ce que nous demandions n'a pas été retenu, compte tenu du retard français en matière de connaissances environnementales, cette ZAC n'en sera pas moins exemplaire. Nous avons été revendicatifs et constructifs en apportant de l'information à des élus. Même si certains ont tourné le dos à nos propositions, d'autres, qui ne connaissaient pas ces thèmes énergétiques, s'y sont ouverts en toute bonne foi[7].

…et Jacques Chirac (en faux) lors d'une manifestation de soutien à l'EcoZAC.

Ces actions ont préparé le terrain pour d'autres initiatives. Ainsi, une autre association qui entend agir sur l'urbanisation de 40 hectares dans le XVIIe arrondissement de Paris vient de se créer : Les Amis de l'EcoZAC des Batignolles.

Pour en savoir plus

- Sur l'association *Les Amis de l'EcoZAC* : www.ecoz.ouvaton.org
- Sur la Semapa : www.parisrivegauche.com
- Mairie du XIIIe : www.mairie13.paris.fr
- Sur l'association *Les Amis de l'EcoZAC* des Batignolles : www.ecozacbatignolles.org
- Sur l'hôtel Victoria à Fribourg : www.hotel-victoria.de
- Sur l'Institut Fraunhofer et son département ISE (Institut für Solare Energiesysteme) : www.ise.fraunhofer.de
- Sur le bâtiment passif d'Andreas Delleske : www.passivhaus-vauban.de et www.dellekom.de
- Sur Solarsiedlung, bâtiments à énergie positive : www.solarsiedlung.de

1. Cette friche ne comprend aucune rue et n'a jamais été traversée par aucune voiture. On prévoit d'y tracer 3 voies automobiles. Sur les 40 000 m^2 à construire (19 000 m^2 de bureau, 13 000 m^2 de logements plus un jardin de 5 000 m^2 et des équipements publics dont une maison de quartier), seule une crèche répondant aux normes dites HQE (haute qualité environnementale) est prévue. Malgré un nom très explicite, la HQE est peu exigeante en matière d'environnement et d'énergie.
2. Il sera inauguré en décembre 2006.
3. CLER : Comité de liaison énergies renouvelables, www.cler.org ; Wise-Paris : World Information Service on Energy, www.wise-paris.org.
4. Afin de rester indépendant, le bureau de l'association ne comprend aucun architecte ou membre d'un bureau d'études qui aurait vocation à travailler sur le projet. Personne n'a l'intention d'habiter sur la ZAC. Quant au nom EcoZAC, il a été déposé.
5. Semapa : Société d'économie mixte d'aménagement de Paris.
6. Films de Benoît Théau, voir www.igapura.org.
7. Comme Jérôme Coumet, maire de l'arrondissement depuis fin juin 2008.

PAYS-BAS

8 Culemborg

Un écoquartier nature

Repères

- Construction en 4 tranches d'un écoquartier sur un terrain de 24 hectares. 800 personnes y habitent. On y trouve 250 logements et 40 000 m^2 de bureaux.
- Début des discussions en 1996, début des travaux en 1999, fin des premiers bâtiments en 2000.
- La consommation des bâtiments est variable en fonction des réalisations, mais il s'agit toujours de basse consommation.
- Besoins energétiques pourvus notamment par le solaire thermique et photovoltaïque.
- Récupération des eaux pluviales et nettoyage des eaux usées sur le site.
- Parc de voitures partagées.

L'eau est très présente dans l'écoquartier de Lanxmeer à Culemborg, construit sur un polder.

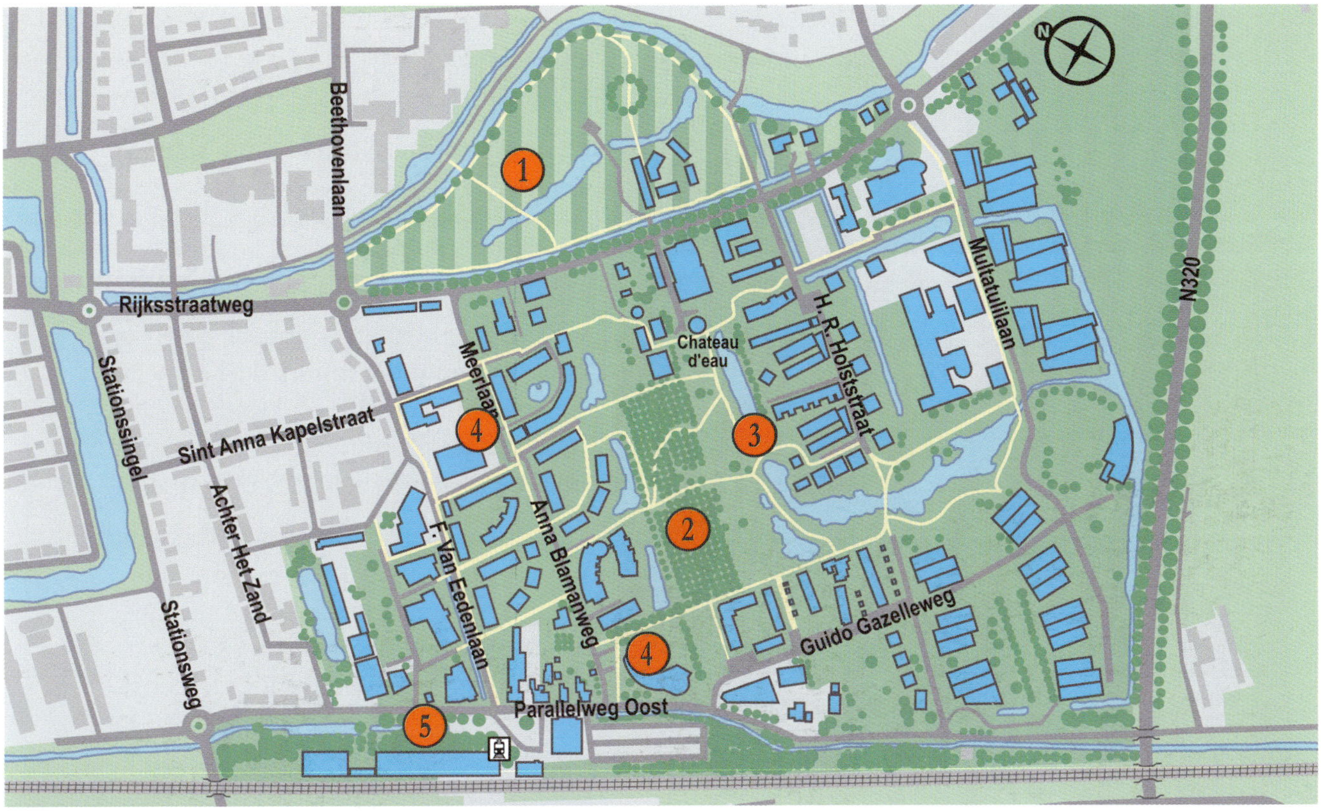

Points remarquables

- projet impulsé par un groupe de gens motivés
- excellente concertation
- cadre naturel exceptionnel
- ferme de 4,5 hectares à proximité
- ce quartier sera bientôt autonome en énergie

1. Ferme
2. Verger planté de pommiers
3. Ecole libre (Vrije School)
4. Parking
5. Gare

C'est à Culemborg, une commune néerlandaise de presque 30 000 habitants située non loin d'Utrecht, que l'on trouve l'un des écoquartiers les plus aboutis d'Europe. Quelque 800 personnes vivent dans un cadre naturel exceptionnel construit sur le polder de Lanxmeer.

Le cadre naturel de Lanxmeer est éblouissant en toutes saisons. Des grenouilles croassent au bord des étangs, des poules d'eau nichent entre les roseaux, des ombellifères poussent entre les rangées de pommiers et un rapace veille depuis le faîte d'un toit. Il s'agit pourtant d'une zone habitée construite sur un polder où, depuis le début du XXe siècle, l'eau potable destinée à Culemborg est puisée. Réalisé par des habitants motivés, le projet d'urbanisation du site n'a pu aboutir qu'en respectant de multiples contraintes.

Marleen Kaptein est à l'origine de la création du quartier Eva Lanxmeer de Culemborg.

De Viba à Lanxmeer

Cette réussite doit beaucoup à Marleen Kaptein, qui depuis quinze ans s'est investie dans ce projet et dans ce lieu, où elle réside désormais. Ancienne chapelière de théâtre, cette femme a intégré au début des années 1990 le conseil d'administration de l'association néerlandaise Viba[1], l'une des plus importantes et influentes d'Europe en matière de construction écologique.

Lorsqu'en 1992, le gouvernement publie un plan pour construire 800 000 logements en vingt ans, Marleen Kaptein décide de réagir à ce programme quasiment vide de considérations écologiques et fait paraître un article dans la presse dans lequel elle en souligne les manques. Puis, aidée d'architectes et d'urbanistes, elle enrichit ce document en présentant un projet d'écoquartier. D'ateliers en réunions, le projet prend forme et, petit à petit, 80 familles se déclarent prêtes à y habiter s'il venait à se concrétiser. Une fondation[2] est créée, dont le but est d'établir une structure qui porte le projet. Des paysagistes, architectes, professeurs d'université siègent au conseil d'administration. Ils rédigent des documents envoyés à des municipalités, dont celle de Culemborg qui, au printemps 1996, donne son accord pour réaliser sur le polder de Lanxmeer un quartier exemplaire.

Des styles architecturaux différents

Les travaux débutent en 1999, après trois ans d'une concertation approfondie qui met en scène les autorités locales[3], les futurs habitants et la fondation. Le quartier est construit en quatre phases, chacune regroupant des maisons d'un style architectural différent, ce qui évite l'effet lotissement. Ainsi, des habitations proches du type scandinave sont édifiées au bord d'un étang, des maisons accolées sont construites autour d'un espace vert et des maisons-serres sont érigées en rangées. Comme le veut la tradition de construction néerlandaise, certaines sont étroites et sur trois, voire quatre étages, mais à l'usage d'une même famille.

Les voitures sont garées à l'extérieur du quartier, où les transports doux sont rois.

Lanxmeer comprend aussi quelques bureaux, ainsi qu'une maison de retraite autogérée par ses 24 habitants qui vivent dans des appartements individuels. Un tiers des bâtiments du quartier est constitué de logements sociaux répartis sur l'ensemble du site. Un coin du quartier en construction accueillera un groupe d'habitations partiellement ensevelies sous un généreux toit végétalisé, dont seules les façades seront apparentes. En prévision également, le centre pour la fondation EVA, qui comprendra un lieu d'éducation à l'environnement, des salles de réunion et un hôtel pour loger des participants aux séminaires organisés sur place.

De très faibles besoins énergétiques

Pour ses besoins en eau, Lanxmeer fonctionne quasiment en circuit fermé. Les eaux grises des éviers, machines à laver et douches sont dirigées vers des zones plantées de roseaux, où elles sont traitées naturellement et réutilisées pour les besoins en eau non potable. L'eau potable, puisée sur place, est fournie par le réseau de la ville. Pour quelque temps encore, les eaux usées des WC sont dirigées vers la centrale d'épuration municipale, mais à terme, elles iront alimenter la centrale de biogaz actuellement en projet. Les allées sont couvertes d'un revêtement perméable qui permet à l'eau de s'infiltrer dans le sol. L'eau de pluie récupérée des toitures est recueillie dans des étangs où prolifèrent une faune abondante et une flore luxuriante.

Une école à l'image du quartier

L'École libre (Vrije School) de Culemborg est édifiée au bord d'un étang, dans lequel les enfants vont en été se baigner et sur lequel ils patinent en hiver. Elle a été construite par des chantiers de bénévoles européens encadrés de deux professionnels. Ils ont fabriqué les briques eux-mêmes et réalisé des enduits en terre et paille. Des tuiles et des poutres ont été récupérées sur des sites de déconstruction. Le bâtiment a des murs aux formes variées, conçues pour être touchées et regardées. Le chauffage du bâtiment est assuré par une chaudière à bûches dont la combustion est assistée par ordinateur et que les enfants chargent en début de journée en faisant une chaîne depuis la réserve de bois. Les appartements des institutrices sont également dans cette école, qui accueille 30 enfants jusqu'à l'âge de 6 ans, répartis en deux classes. Chacune des deux classes réunit des enfants d'âges différents. Cet établissement est proche des écoles Steiner ou Waldorf ou des préceptes anthroposophes.

Certaines maisons sont construites comme des serres. En hiver, elles se chauffent aisément. En été, les fenêtres s'ouvrent pour ne pas accumuler la chaleur.

Dès l'origine du projet, les questions énergétiques et de choix des matériaux ont systématiquement été prises en compte. Les maisons sont à ossature bois, isolées avec de la cellulose, et bien évidemment les peintures, ainsi que les traitements du bois, sont propres. Dans certaines maisons, les briques, encore appelées adobes, sont faites de terre locale séchée au soleil, une technique particulièrement sobre en énergie, puisque sans cuisson.

Les habitations consomment la moitié de ce que la réglementation thermique néerlandaise demande et la moitié de ces besoins est fournie par les énergies solaires présentes sur les bâtiments. Les façades orientées au sud sont généreusement vitrées : en hiver, elles permettent aux volumes de rapidement monter en température. Les maisons sont chauffées au gaz, un combustible fossile qui sera remplacé par le biogaz produit localement, ce qui permettra alors au quartier de consommer l'équivalent de l'énergie qu'il aura produite.

Certaines maisons sont équipées de murs chauffants basse température, un système qui émet de la chaleur grâce à des tuyaux intégrés dans les murs. Les maisons les plus grandes sont équipées en plus d'un chauffage au sol, car l'écartement des murs est trop large pour chauffer suffisamment de grands volumes. Il a été calculé que dans une maison de ce type équipée en solaire thermique et photovoltaïque, un couple avec trois enfants consomme un dixième de la moyenne nationale néerlandaise en matière d'énergie.

Faire son jus de pomme

Le quartier possède depuis un an une ferme de 4,5 hectares sur laquelle travaille un couple d'agriculteurs. Tout ce qui y pousse se fait en bio et en permaculture[4]. Une fois par semaine, les habitants de Lanxmeer et de Culemborg ont la possibilité d'y prendre leur panier paysan. S'ils le désirent, ils peuvent venir travailler à la ferme, une façon pour eux ou leurs enfants de se connecter à la terre. Dans cette ferme, un petit café – dont les sièges en bois ont été réalisés par des employés d'une banque de la ville dans le cadre d'un stage – propose des collations.

Chaque automne, le ramassage des pommes du verger collectif permet aux habitants de faire du jus. Cette activité, qui a failli disparaître, a été sauvée par l'initiative de quelques-uns. La compagnie des eaux, propriétaire du verger, avait voulu simplifier sa gestion et souhaitait couper la rangée d'arbres fruitiers. Les habitants s'y sont opposés et ont proposé de prendre en charge l'entretien des pommiers, ce qu'a accepté l'entreprise. Elle a financé un cours de taille et a fourni les outils nécessaires.

Une habitante vient de prendre à la ferme du quartier son panier de légumes de la semaine.

Une nature riche au fil des saisons

Pour habiter dans cet écoquartier, il faut être membre de la fondation EVA et en signer la charte. De fait, les habitants acceptent de stationner leurs voitures à l'extérieur du quartier, de ne pas poser de clôture autour de leurs logements et jardins privatifs, de ne jeter aucun liquide polluant dans les éviers, afin de respecter le cycle local de l'eau…

La force de cet écoquartier néerlandais[5] réside dans la réalisation d'un vaste plan d'urbanisme qui a réussi à conserver la relation à la nature et à l'inscrire comme priorité pour ses habitants. Pour Marleen Kaptein, les questions de transport et d'énergie sont importantes, mais il faut aller plus loin. Elle considère qu'il est essentiel pour les humains d'avoir des endroits où côtoyer les autres, où pouvoir observer une nature riche évoluer au fil des saisons et que ce cadre de vie soit éducatif pour les enfants.

Trois questions à Marleen Kaptein

- *Vous travaillez depuis plus de quinze ans pour ce projet et avez connu quatre équipes municipales différentes à Culemborg. Si le projet était à refaire, que changeriez-vous ?*

Globalement, je referais beaucoup de choses de façon similaire, car même si cela a été un travail de longue durée, le projet s'est assez facilement mis en place. La municipalité et ses services ont joué un rôle important. Ils ont même été jusqu'à revoir certains points, lorsque nous n'étions pas d'accord avec leurs propositions. En fait, s'il y avait une chose à revoir, ce serait le fait que nous avons travaillé bénévolement et sans contrat sur un projet de qualité à travers lequel la ville a gagné beaucoup d'argent.

- *Pourquoi le gouvernement néerlandais n'a-t-il jamais réalisé ou fait réaliser un projet comme celui de Lanxmeer ?*

Avant que nous ne commencions notre travail à Culemborg, le gouvernement a lancé en 1993 le projet Ecolonia, afin de construire des maisons modèles en matière d'environnement. Elles ont été réalisées par différents architectes, qui se sont partagé les thèmes, au lieu de les ajouter les uns aux autres. L'un a misé sur l'énergie solaire, l'autre sur l'isolation, un troisième sur le bois dans la construction. . .En fait, rares sont les architectes qui comprennent la nécessité de tout lier. Les responsables estiment souvent que cela coûterait trop cher et ils restent figés sur cette question des coûts. Ils ne connaissent pas ces questions et les laissent aux promoteurs, pour qui le profit prime et qui, sans rien connaître au développement durable, le jugent trop coûteux. Pour réussir efficacement un projet, il faut l'engagement d'une équipe très motivée qui chapeaute et contrôle le tout.

- *En septembre 2008, vous avez reçu la Duurzaam Lintje (la « Décoration durable »), une médaille nationale qui marque votre implication en faveur du développement durable. Après avoir été chapelière pour les plus grands théâtres des Pays-Bas, vous avez dédié votre deuxième vie à ce projet et à la fondation EVA Lanxmeer. Estimez-vous avoir bien rempli votre mission ?*

Le succès d'EVA Lanxmeer est avant tout fondé sur une concertation mise en place dès le début des discussions. Le plan d'urbanisme représente totalement notre vision. Il respecte les paysages historiques, les anciens bras de rivières, les vieux arbres ou encore des restes de périodes médiévales ou romaines sur lesquels il n'y a pas de construction. Les membres de la fondation avaient une bonne connaissance des thèmes environnementaux, et nous ne partions donc pas de rien. Aujourd'hui, j'aimerais vraiment que le centre d'éducation à l'environnement avec son hôtel, ses salles de réunion et ses locaux pour associations, se fasse. C'est un projet qui a tout son sens et qui apporterait beaucoup à la ville de Culemborg qui hésite encore, alors qu'elle se plaint de l'absence d'hôtel et du manque de centres d'intérêt pour les touristes de passage.

Des habitants convaincus

Jandirk et Hanneke Kievit, parents de trois enfants, sont devenus membres de la fondation EVA quatre ans avant la construction du site. Au lieu d'habiter Lanxmeer, les Kievit auraient pu faire un autre choix, mais comme l'explique Jandirk, il n'en était pas question : « Dans d'autres quartiers, lorsque vous sortez de votre domicile, vous êtes directement confrontés à la circulation. Ici, les porches des maisons ne sont encombrés que de vélos. Les enfants font leurs premiers pas et s'aventurent à l'extérieur sans jamais croiser une voiture. »

Le quartier comprend une maison de retraite autogérée qui accueille 24 personnes.

Pour habiter dans cet écoquartier, il faut adhérer à la fondation EVA et en signer la charte, qui prévoit entre autres de laisser sa voiture à l'extérieur du site.

Transports

Culemborg est à 15 minutes en train d'Utrecht, la quatrième ville du pays. La gare de Culemborg se situe en face d'une des entrées de Lanxmeer. Compte tenu de la culture cycliste qui existe aux Pays-Bas et de l'existence d'un parc de 7 voitures partagées, il n'y a quasiment aucune nécessité pour les habitants de Lanxmeer de posséder un véhicule motorisé. Le taux de voitures par foyer y est de 0,7, contre environ 2 dans le reste du pays. L'accès en voiture à son domicile est autorisé uniquement pour charger et décharger des affaires, mais rares sont ceux qui le font, car les ruelles du quartier sont étroites. Seule ombre au tableau : huit pavillons possèdent une place de parking devant leur entrée. Ces bâtiments ont été construits par un promoteur, qui a trouvé une faille dans le règlement intérieur de Lanxmeer. Celui-ci spécifie que les voitures personnelles doivent se garer à l'extérieur, mais il ne dit rien sur les véhicules d'entreprise. Ce promoteur indélicat a incité ces habitants à déclarer leurs voitures en usage professionnel.

Toutes les six semaines environ, des activités communes d'entretien des espaces verts communs à tous sont organisées et se déroulent en toute convivialité. Pour Jandirk, l'explication réside dans le plan d'urbanisme : « La construction quasiment en cercle des bâtiments joue un rôle dans cette dynamique, et si l'habitat avait été construit en ligne, l'ambiance ne serait certainement pas la même. » En plus de l'espace vert commun au nord de leur maison, les Kievit ont au sud un jardin privatif au bord de l'étang de rétention des eaux pluviales. Non clôturé, ce jardin leur permet de rester en contact avec les voisins.

Jandirk est responsable des projets Natura 2000 pour la province d'Utrecht. Il a participé au groupe de travail qui a sélectionné les arbres et haies plantés sur le site et qui offrent au fil de l'année de la nourriture aux oiseaux de passage. Jandirk a placé un arbre mort dans l'étang qui fait face à sa maison et régulièrement, un martin-pêcheur, oiseau rare et menacé, vient s'y poser (en photo page 141). Une présence symbolique de la qualité du travail réalisé dans cet écoquartier urbain.

L'un des meilleurs compliments faits au quartier Lanxmeer, devenu une référence, est peut-être que l'auteur américain Richard Louv l'ait choisi pour venir y présenter son dernier livre, *Last Child in the Woods*. Il y évoque le déficit de rapport à la nature des enfants d'aujourd'hui qui vivent peu au contact du monde réel, s'alimentant de jeux vidéo et autres nourritures artificielles, transportés en voiture de bulle en bulle… autant d'addictions du monde moderne que cet écoquartier néerlandais permet d'éviter.

Pour en savoir plus

- *Last Child in the Woods*, Richard Louv, New York, Workman Publishing, 2005. Est venu à Lanxmeer et y a trouvé ce qu'il soulignait dans son livre : http://richardlouv.com
- L'association Viba : www.sveweb.nl
- À propos de l'assainissement des eaux par les roseaux : www.livingmachines.com
- Fondation EVA Lanxmeer : www.eva-lanxmeer.nl
- Les Pays-Bas comptent de multiples expériences environnementales intéressantes. À propos d'écoquartiers, citons le quartier Groene Dak d'Utrecht : www.utrecht.nl/smartsite.dws?id=267349

Même quelques poules parcourent les rues du quartier.

Certains bâtiments sont construits autour d'un jardin central.

1. Vereiniging voor Integrale Biologische Architectuur, « Association pour une architecture entièrement environnementale ».
2. La fondation EVA dont le nom signifie Ecologisch Centrum voor Educatie, Voorlichting en Advies, « Centre écologique d'éducation, d'information et de conseil ». Elle prendra ensuite le nom d'EVA Lanxmeer.
3. La compagnie des eaux, le fournisseur d'énergie local, l'administration de la ville, la province de Gelderland…
4. Principe qui veut que tout travail ou activité soigne la terre et l'homme, soit économe en énergie et redistribue les éventuels surplus engendrés. Ces principes s'appliquent aussi à l'architecture, qui donne alors sa préférence aux matériaux sains, aux traitements des eaux sur site, aux énergies renouvelables… et à une vision organique des formes. Le quartier de Lanxmeer s'est inspiré de ces principes.
5. Le pays en compte d'autres, mais de petite taille, comme le Groene Dak à Utrecht.

Le quartier Lanxmeer est riche en verdure.

ROYAUME-UNI

BedZED

9 La vitrine britannique

Repères

- Construction d'une série de bâtiments neufs. Une centaine d'appartements et quelques bureaux.
- Première discussion au milieu des années 1990, inauguration en 2002.
- Besoins énergétiques de 48 kWh/m^2/an, pourvus par 777 m^2 de panneaux photovoltaïques et une centrale de cogénération bois pour produire chaleur et électricité. Cette centrale est aujourd'hui à l'arrêt.

BedZED est une leçon d'architecture bioclimatique moderne : les façades sud sont en verre et captent la chaleur. À l'opposé, les façades nord intègrent de petites fenêtres.

1. Centre communautaire dit « le Pavillon »
2. Centrale de cogénération et de traitement des eaux usées
3. Logements sociaux et bureaux
4. Centre d'informations et appartement témoin
5. Pelouse et terrain de jeux
6. Jardins potagers
7. Places de parking

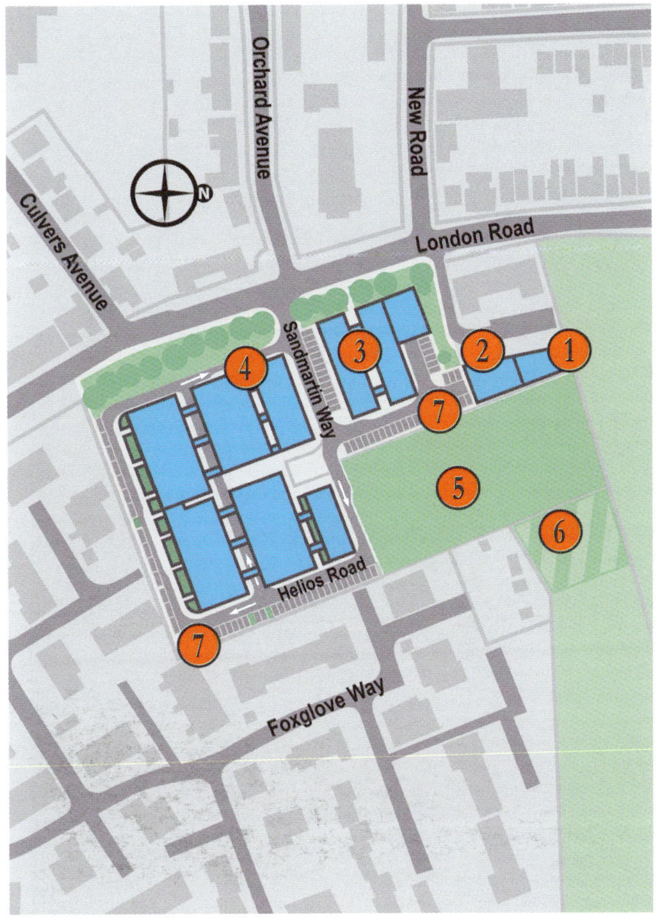

Points remarquables

- modèle d'architecture bioclimatique moderne
- approvisionnement réfléchi du chantier
- bâtiments théoriquement 100 % sans énergie fossile

À Beddington, dans le sud de Londres, se trouve une zone d'habitat écologique conçue pour n'utiliser aucune énergie fossile. Baptisée BedZED (Beddington Zero Energy Development), la centaine d'appartements et de bureaux en location ou en propriété accueille à la fois des gens sensibles aux questions environnementales et d'autres qui découvrent ces thèmes. Le principe de cet écoquartier est un exemple d'architecture bioclimatique.

Au milieu des années 1990, le cabinet de conseil en environnement Bioregional, basé à Sutton, était à l'étroit dans ses locaux. Il cherchait à déménager, de préférence dans un endroit en accord avec ses principes. À la même époque, l'architecte Bill Dunster, qui s'était fait connaître pour son engagement en faveur d'une architecture environnementale, invita le directeur de Bioregional, Pooran Desai, à donner des cours sur l'environnement et l'énergie à une association d'architectes. De fil en aiguille, ce duo se mit à rêver de créer des bureaux « verts », lorsqu'ils apprirent qu'un ancien site industriel était sur le point de se libérer à quelques kilomètres de Sutton, sur la commune de Beddington.

Les façades sud intègrent du solaire photovoltaïque qui produit 11 % de l'ensemble des besoins électriques de la résidence.

Économe dès le départ

C'est en 2002 qu'un des écoquartiers les plus connus d'Europe est inauguré: BedZED, Beddington Zero Energy Development, « résidence de Beddington sans énergie fossile ». La fondation pour le logement social, Peabody Trust, s'est jointe à Bioregional et au cabinet de Bill Dunster pour lui donner naissance. Cette fondation est l'une des plus anciennes et des plus importantes associations d'aide au logement de Londres. Créée en 1864, elle avait pour but d'offrir des logements décents à la classe ouvrière. Avec 180 000 logements dans la capitale, elle investit désormais dans l'isolation et l'énergie solaire pour son parc immobilier, ayant compris que des immeubles économes en énergie réduisent les factures des locataires. Elle a accepté d'investir dans BedZED, un projet écologique de haute qualité, même si les bâtiments sont loin de son centre historique du cœur de Londres.

Économe, BedZED l'est dès le départ. Les bâtiments sont construits sur une friche industrielle dépolluée, une ancienne centrale d'épuration. Dès l'origine, le site a été choisi pour sa facilité d'accès aux transports en commun: des lignes de train depuis la gare de Hackbridge, de bus et de tramway sont à proximité. Les déplacements liés à la construction du site étaient également une préoccupation. Pour les réduire, les concepteurs ont fait des recherches afin d'acheter le maximum de matériaux de construction localement: 52 % proviennent d'un rayon de 50 kilomètres autour de Beddington. Des structures de bois et de métal récupérées sur d'anciens chantiers locaux ont été utilisées. Une politique active a été menée afin de diminuer l'emprise automobile: dans un contexte plus traditionnel, la centaine d'appartements et de bureaux aurait nécessité la construction de 160 places de parking. Il n'en a fallu que 100, soit 40 % de moins, ce qui a laissé plus de surface aux espaces verts.

Chaque appartement possède son propre jardin.

Un parc de trois voitures partagées est à la disposition de tous. Une quarantaine de personnes les utilisent. La location du véhicule peut être effectuée quelques minutes seulement avant le déplacement et durer plusieurs jours. Pour les propriétaires d'automobiles, les places de parking de BedZED sont payantes : 220 livres (275 euros) par an pour un véhicule classique et moitié prix pour une motorisation GPL ou un véhicule électrique qui peut être rechargé sans frais par l'électricité des 777 m^2 de panneaux photovoltaïques. S'il apparaît aujourd'hui que proposer 100 places de parking dans un écoquartier urbain bien doté en transports en commun est généreux, il faut se rappeler que ce volontarisme en faveur des transports doux est une première et qu'il fallait commercialiser ce concept novateur de résidence. « Rien ne détruit plus nos modes de vie que la voiture, souligne Pooran Desai. Quand certains disent qu'en limitant la place faite à la voiture, on réduit le choix des gens, je pense que c'est le contraire. Nous augmentons ce choix. À BedZED, vous avez le choix de ne pas avoir de voiture, d'en avoir une, de faire partie du club de covoiturage, de marcher ou d'utiliser les transports en commun. Créer des résidences sans voitures ou avec peu de voitures est bon pour l'environnement, le voisinage, les enfants, les personnes âgées, ou les rencontres. En somme, cela retisse du lien social. » Les allées de BedZED sont larges et permettent d'y circuler agréablement à pied ou à vélo. Les toits couverts d'herbe ajoutent une touche de verdure là où on ne l'attend pas, sur des bâtiments dont la hauteur ne dépasse pas deux étages. Le pavage des allées est perméable, afin de laisser les pluies s'infiltrer doucement dans le sol.

Pas de chauffage central

En matière de chauffage et d'eau chaude sanitaire, BedZED a des besoins relativement faibles : 48 kWh/m^2/an[1]. Une attention particulière a été accordée à l'isolation, avec des murs extérieurs constitués de deux épaisseurs de briques séparées de 30 cm de laine de roche. Les appartements sont isolés les uns des autres par des planchers, des murs et des plafonds épais. Les vitres extérieures sont en triple vitrage importé de Scandinavie, parce qu'il n'en existe aucun fabricant au Royaume-Uni. Chaque logement possède un jardin d'hiver orienté au sud qui pendant les saisons froides emmagasine la chaleur et la redistribue vers l'habitat. Certains appartements sont équipés d'une pièce orientée au nord pourvue d'une petite fenêtre et pouvant servir de bureau. Cette pièce est chauffée uniquement par les calories perdues de la bureautique.

Dans le placard situé au-dessus du chauffe-eau se trouve un radiateur d'appoint alimenté en eau chaude.

Les appartements sont sans chauffage central. Ils sont chauffés par le rayonnement solaire, la chaleur produite dans la cuisine par les appareils électroménagers, ainsi que par les 37 °C émis par le corps humain. Un radiateur d'eau chaude se met automatiquement en marche lorsque la température intérieure est inférieure à 17 °C. De petite taille, il est alimenté par un ballon dont l'eau chaude provient de la centrale thermique de BedZED, prévue pour fonctionner aux copeaux de bois d'origine régionale et faire de la cogénération.

Les murs extérieurs sont constitués de deux épaisseurs de briques séparées de 30 cm de laine de roche.

Les appartements sont ventilés grâce à un système d'aération qui fonctionne avec la seule énergie du vent. Les volumes d'habitation sont spacieux et agréables. Les matériaux employés ont été sélectionnés afin d'éviter tout problème d'intolérance et d'allergie. Ainsi, aucun élément utilisé ne contient de formaldéhyde. Les cuisines sont pourvues d'une poubelle avec compartiments pour le tri sélectif comprenant les déchets verts à mettre au composteur. Les appareils électroménagers sont économes en électricité et des économiseurs d'eau permettent de diminuer la consommation de la douche, du lavabo et de l'évier. Les toilettes ont une chasse d'eau avec petit et gros débit, un équipement important car les WC consomment un tiers des besoins en eau d'un appartement. BedZED possède également son propre système d'épuration et de recyclage par les plantes des eaux usées, afin qu'une fois propre, cette eau aille rejoindre les citernes d'eau de pluie et alimente les chasses d'eau (voir dernier paragraphe, page 101).

À chaque appartement correspond un jardin, auquel on accède par l'un des pontons qui relient un bâtiment à un autre. Chacun utilise ce jardin comme il l'entend : aire de jeu pour ses enfants ou jardin potager. De plus, des potagers appartenant à la commune de Sutton ont été alloués aux habitants.

Une bonne qualité de vie

Les études de faisabilité du projet et les recherches, notamment en approvisionnements locaux, ont été longues à mettre en place et les budgets ont été dépassés. Mais les concepteurs savent que BedZED peut se répliquer et que ces exigences environnementales n'augmentent la note que d'à peine 2 %. Dès l'inauguration, la centaine d'appartements et de bureaux s'est louée et vendue rapidement[2]. Elle est constituée d'un tiers de logements sociaux, d'un tiers d'appartements achetés en accession à la propriété avec des prêts facilités et d'un tiers de logements et de bureaux vendus aux prix du marché. Un grand studio se vend dans les 200 000 livres (250 000 euros) et une grande superficie autour de 350 000 livres (440 000 euros), ce qui est plus élevé que les prix du quartier.

Les façades nord sont couvertes de sedum et apportent une touche de verdure là où on ne l'attend pas.

Le taux de rotation des appartements serait légèrement plus faible que dans le reste de Londres, ce qui, pour la capitale anglaise où la recherche d'appartements et le fait de déménager pour se rapprocher de son lieu de travail sont une préoccupation permanente, tendrait à montrer que le lieu représente ce que cherchent ses habitants.

Selon des statistiques établies par Bioregional, 70 % des habitants de BedZED estiment avoir une bonne qualité de vie. Un « bedzedien » moyen connaît 19 de ses voisins par leur nom, contre 3 en moyenne au Royaume-Uni. D'ailleurs, Pooran Desai a fait le choix d'habiter et de travailler sur place, ainsi que Bill Dunster qui y a ses bureaux.

Pourtant, seul un tiers des habitants de BedZED aurait un mode de vie réellement en adéquation avec le site. Les habitants des logements sociaux gérés par le Peabody Trust se voient attribuer un logement à BedZED sans être véritablement informés sur ce que représente un écoquartier. De plus, une étude a montré que les habitants du quartier, toutes catégories confondues, prenaient plus l'avion que la moyenne des Britanniques. Certes, les résidents polluent peu par leur habitat, mais ce gain est contrebalancé par des déplacements aériens, car les habitudes, en fonction des revenus de chacun, de sauter dans un avion pour le week-end ou pour des vacances au soleil perdurent. Ce style de vie énergivore se laisse aussi entrevoir par la taille de certaines voitures garées sur les parkings du site.

Pour Pooran Desai, qui reste optimiste, il est cependant possible de concevoir des bâtiments plus simples et moins onéreux pour une clientèle motivée, car au-delà du bâti, c'est surtout le mode de vie de tout un chacun qui est polluant. Fort de ces considérations, il dirige également Bioregional Quintain, une société immobilière qui construit 4000 logements à travers le Royaume-Uni: « Dans ces bâtiments, nous donnerons aux futurs habitants un code de bonne conduite qui les engage. »

Leon Person, responsable du Pavillon, un espace commun qui accueille des activités proposées aux habitants de BedZED, ainsi qu'aux personnes résidant à l'extérieur du quartier.

Un marché bio le dimanche matin

C'est ce type d'engagement qui a poussé Leon Pearson, le responsable du Pavillon (voir plus loin) employé par le Peabody Trust, à s'y installer en août 2007. C'est un des habitants les plus motivés de BedZED: il a tout de suite compris le potentiel de cette réalisation qui permet une excellente qualité de vie et ne regrette pas du tout l'achat de son appartement dans une résidence qui offre beaucoup d'espaces communs. Un écoquartier est un endroit idéal pour développer des liens sociaux entre les habitants et c'est pour cette raison qu'il a fait de BedZED son lieu de vie et son lieu de travail. Il a pour tâche de développer et de gérer des activités auxquelles sont conviés à la fois les résidents et toute autre personne extérieure. La mise à disposition du public de certains espaces, d'où la création du Pavillon, était l'une des conditions posées par la communauté de communes de Sutton à Peabody Trust pour pouvoir construire BedZED. Des cours de danse, du yoga, de la gym, de la musique, des activités pour enfants, des cours d'entretien de vélos, etc. permettent aux habitants de se retrouver. Un marché bio a lieu le dimanche matin.

Il a fallu un certain temps aux habitants pour y prendre leurs habitudes d'achat. Au commencement, seuls les employés de Bioregional s'y approvisionnaient. À présent, une vingtaine de résidents constitue la clientèle régulière, ce qui n'est pas encore suffisant pour mettre en place une véritable épicerie bio, mais il faut du temps pour que la sauce prenne.

Leon Pearson achète ses fruits et légumes directement à un agriculteur de province, qui le livre le samedi avant de se rendre à un marché paysan de Londres. Ce jour-là, Leon effectue aux alentours des livraisons de ces produits maraîchers avec un vélo et une remorque ou les sous-traite à une entreprise équipée de triporteurs à assistance électrique. Et le dimanche, il tient de 11 heures à 13 heures un petit marché dans la salle d'activités de BedZED.

ZED
ONE
WAY

Un groupe de personnes actives au Pavillon, le centre d'activités de BedZED ouvert à tous les habitants de Beddington.

La maison des Teletubbies

Très impliqué dans la vie de la résidence, il constate avec un certain regret que les questions environnementales ne sont pas au centre des préoccupations de la plupart de ses habitants. Ces questions n'intéressent souvent que la classe moyenne et les habitants des logements sociaux ne se sentent pas concernés. D'ailleurs, BedZED, qui est construite dans une région constituée en majorité de quartiers populaires, semble être une bulle à part pour gens aisés. Beaucoup d'habitants du coin ne savent pas en quoi consiste réellement cet écoquartier et ne retiennent que son aspect visuel particulier, ce qui lui vaut même le surnom de « la maison des Teletubbies ». L'impact écologique n'a pas débordé du cadre de la résidence. Même si de nombreux politiciens anglais sont venus visiter BedZED, y compris l'ancien maire de Londres, Ken Livingston, il semblerait que ces bâtiments fassent plus parler d'eux à l'étranger que localement.

Il est à regretter qu'en dépit de ses excellentes intentions de départ, le concept de BedZED connaisse quelques bémols. Ainsi, la cogénération bois n'est plus en fonctionnement, parce que ses concepteurs ont investi dans une machine trop puissante pour les besoins du site. Peabody Trust n'étant pas disposé à investir dans un système plus petit, le site est, pour ses besoins de chaleur, actuellement alimenté au gaz. Par ailleurs, le système de traitement des eaux usées sur site est à l'arrêt et pour ces mêmes raisons de financement, il n'a jamais été possible de mettre en place un système qui en traite la totalité. Peabody Trust a désormais fait le choix du traitement classique par Thames Water. Malgré cela, BedZED reste une vitrine. Ses bâtiments sont très

Les habitants de BedZED ont le choix entre avoir une voiture ou non, faire partie du club de covoiturage, marcher, utiliser les transports en commun…

économes en énergie et en CO_2[3]. L'appartement témoin est pour les visiteurs une leçon de bioclimatisme facile d'accès et aide à comprendre concrètement la façon de faire évoluer son mode de vie.

Pour en savoir plus

- Sur le cabinet de l'architecte Bill Dunster : www.zedfactory.com
- Sur le cabinet Bioregional : www.bioregional.com
- Sur la fondation Peabody Trust : www.peabody.org.uk et www.peabody.org.uk/bedzed
- Sur le centre d'activités le Pavillon : www.bedzedpavilion.org.uk
- Sur la société immobilière Bioregional Quintain : www.bioregional-quintain.com
- Sur le marché bio de Leon Pearson : www.vegzed.org.uk
- Sur le service de livraisons utilisé par Leon Pearson : www.ecolocal.org.uk puis « services »

Le Peabody Trust qui gère BedZED a arrêté la cogénération bois (à gauche avec la cheminée) ainsi que le recyclage sur site et par les plantes des eaux usées (à droite dans la serre).

Les cheminées colorées des ventilations double-flux sont devenues le symbole architectural de cet écoquartier. Ces VMC fonctionnent avec la seule énergie du vent.

1. Ce chiffre aurait pu être plus faible si le site avait été équipé de panneaux solaires thermiques (source: Bioregional).
2. Le site comprend aujourd'hui 100 appartements et 6 espaces de bureaux. Certains bureaux ont été reconvertis en logements par manque de demande. Les professions libérales sont rares dans cette partie du Grand Londres.
3. Comparé à un appartement d'un bâtiment neuf construit à la même époque, mais selon des standards classiques, un appartement de BedZED produit 56 % de CO_2 en moins, même si BedZED fonctionne au gaz. (source: Bioregional).

ROYAUME-UNI

Bishop's Castle

10

Un écoquartier de promoteur

Repères

- Au nord-ouest de l'Angleterre, construction de 40 maisons écologiques par un promoteur. Terrain commun de 5 hectares avec jardins potagers et verger.
- Premières discussions au début des années 2000, la première des trois tranches de maisons est terminée en 2004.
- Maisons basse consommation. Besoins énergétiques pourvus notamment par du solaire thermique, du GPL et du bois.

Les 12 maisons de la première phase ont été construites autour d'un espace vert commun.

1. Potager
2. Verger
3. Première phase de constructions : 12 maisons construites en cercle autour d'un espace vert commun
4. Seconde et troisième phases de constructions : maisons dans la pente du terrain, reliées entre elles par des chemins
5. Places de parking non bitumées, à l'écart des habitations
6. Vers le centre-ville de Bishop's Castle

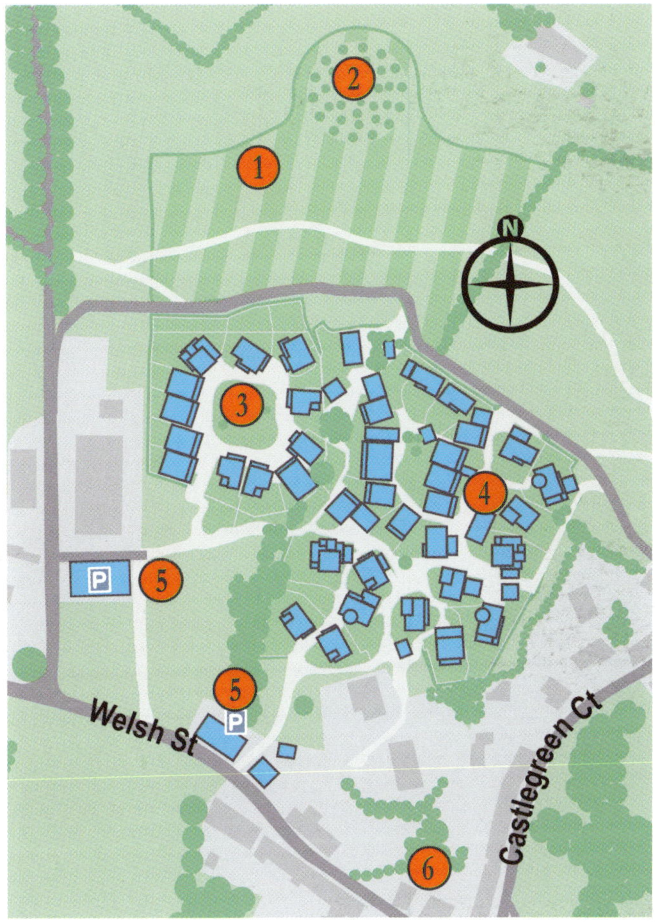

Points remarquables

- maisons de promoteur
- cadre agréable
- variété de maisons

Dans le nord-ouest de l'Angleterre, la société immobilière Living Villages a construit un écoquartier de 40 maisons. Les différents concepts environnementaux sont montrés dans une maison témoin et les bâtiments sont vendus clés en main.

Le site a fait parler de lui avant sa mise en chantier. Au début des années 2000, à Bishop's Castle, une commune[1] rurale de 2000 habitants du comté du Shropshire, l'accueil fait à la proposition de construire un nouveau quartier en bordure de village n'a pas été des plus chaleureux. Avant même que le permis de construire ne soit déposé, certains riverains avaient affiché à leurs fenêtres des slogans du type « Sauvez les Wintles », du nom de la colline sur laquelle les constructions étaient prévues. Ces protestations n'ont pas empêché sa délivrance. La construction s'est faite en trois tranches[2], ce qui a permis aux sceptiques de se rendre compte assez rapidement qu'il s'agissait d'un projet de qualité et les objections se sont éteintes. Au fil du temps, cette commune agricole a pu découvrir que son nouveau quartier suscitait un intérêt national avec, dans la presse, de nombreux articles qui ont entraîné un afflux de visiteurs, dont certaines personnalités politiques.

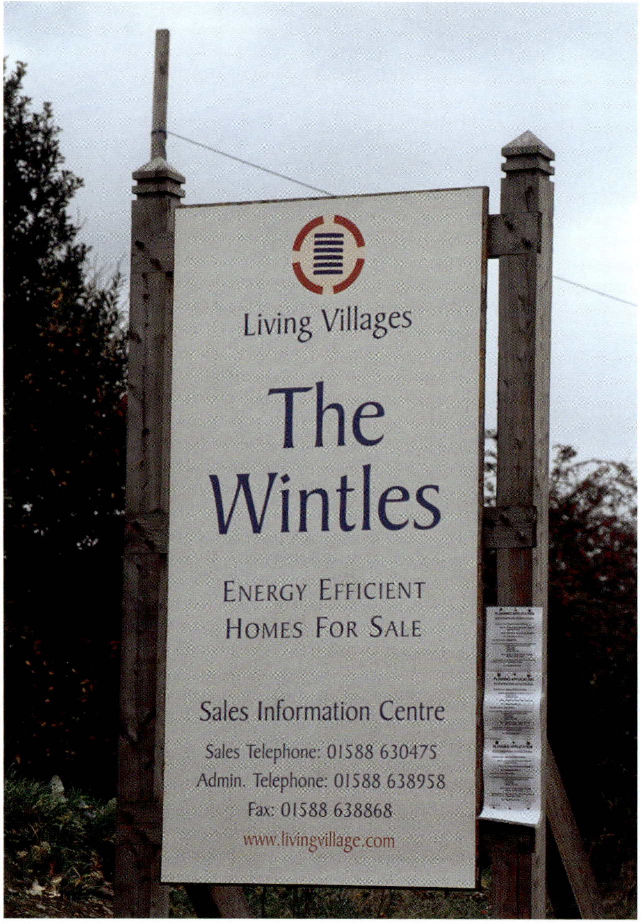

C'est sur la colline des Wintles que les 40 maisons de l'écoquartier de Bishop's Castle ont été bâties.

Enduits en terre et bardeaux de bois

Les douze maisons de la première tranche ont été construites en cercle autour d'un espace vert commun. Celles des deux autres phases ont été bâties dans la pente et reliées entre elles par des chemins. Même si la troisième phase est encore en chantier, un sentiment de communauté se dégage de ce plan d'orientation. Les habitants ne peuvent s'ignorer et le choix même d'un achat aux Wintles indique une volonté de vivre avec son voisinage, ce qui est souligné par le terrain de 5 hectares jouxtant l'écolotissement, où chacun peut jardiner et bénéficier du verger planté dès l'acquisition des terrains.

Contrairement aux lotissements classiques, les maisons des Wintles ne comportent pas de garage. On se gare à l'écart des habitations sur des places de parking non bitumées ou sous un abri en bois. Les enfants peuvent ainsi jouer sans crainte de la circulation et les habitants sont amenés à se croiser dans le périmètre non accessible aux voitures. Des lignes de bus desservent Bishop's Castle et les communes du Shropshire et assurent des liaisons avec les gares ferroviaires.

Les maisons sont recouvertes d'enduits de terre et de bardeaux de bois. Leur principale caractéristique est l'efficacité énergétique, la qualité des matériaux et un prix relativement abordable dans le contexte du marché britannique de l'immobilier (de 345 000 à 520 000 livres pour une maison de la première tranche, soit entre 405 000 et 610 000 euros). Lors de l'achat sur plan ou au stade initial de la construction d'une maison, les acheteurs peuvent en modifier certains aspects, mais il s'agit essentiellement de détails intérieurs, car les permis de construire ont été délivrés pour une forme et une façade précises. Toutes les maisons sont systématiquement équipées de panneaux solaires thermiques et peuvent, en option, recevoir du photovoltaïque.

Les habitations ont été réalisées avec des matériaux naturels comme le bois et avec des matériaux recyclés (briques et tuiles).

Dans la cuisine, un cellier non isolé permet de conserver l'alimentation.

Des matériaux locaux, recyclés et propres

L'intérieur est très clair et lumineux. Au sol, le parquet est en bois et les peintures sont écologiques. Au rez-de-chaussée et dans les salles de bains, un chauffage au sol[3] assure une température agréable pour les mois d'hiver et un aménagement est prévu pour recevoir un poêle à bois haute performance. Ces seuls équipements suffisent: la chaleur monte, les calories de la cuisine, de l'électroménager et des occupants chauffent les volumes. Les déperditions de chaleur sont faibles dans ce type de bâti bien isolé et équipé d'une VMC double flux.

Les matériaux sont au maximum d'origine locale, recyclés et propres. Les maisons sont faites d'une ossature bois et d'éléments muraux préfabriqués et assemblés sur le site; cette méthode de travail permet de diminuer les nuisances sur le chantier, sa durée, ainsi que certains coûts. Les murs intègrent une isolation de 30 cm de cellulose, les fenêtres sont en double ou triple vitrage très performant.

Les pièces à vivre sont lumineuses et donnent sur les allées et jardins du quartier.

Le retour du local

La moitié des légumes et 95 % des fruits consommés au Royaume-Uni (244 000 km^2 pour 60 millions d'habitants) sont aujourd'hui importés, avec les conséquences environnementales que l'on peut imaginer, notamment en matière de transport routier et aérien. Il n'en a pas toujours été ainsi. La situation s'est inversée dans les décennies d'après-guerre et s'est encore dégradée tout récemment. Juste après la Seconde Guerre mondiale, les seuls potagers et jardins ouvriers britanniques produisaient 10 % de l'alimentation du pays. En 1975, l'étude de Kenneth Mellandy *Can Britain Feed Itself* a montré que le Royaume-Uni pouvait inverser la tendance. L'étude a été réactualisée en 2007 et ce potentiel est toujours d'actualité. Au-delà de ces analyses, un mouvement est aujourd'hui perceptible outre-Manche, celui du retour à l'alimentation de qualité réalisée avec des produits locaux. Certains pubs de campagne remettent à leurs menus des plats traditionnels anglais et affichent fièrement leurs fournisseurs locaux, le plus souvent les agriculteurs de la région, le bon fromager ou le bon boucher du bourg, le tout proposé à des prix très corrects.
Et pour couper court aux sourires en coin : la cuisine traditionnelle britannique mérite bien mieux que les clichés colportés de ce côté-ci de la Manche.

Dans la cuisine, un cellier non isolé et exposé au nord permet de conserver l'alimentaire. Chaque habitation est équipée d'un système d'aspirateur centralisé, dont la motorisation fixe est cachée dans un placard. Avec cet ingénieux équipement, la corvée de ménage est donc facilitée : seul le tube d'aspiration est à déplacer et à brancher dans des trous situés dans les plinthes.

Un cadre de vie rural

Le Shropshire a des campagnes très bien préservées et, pour cette raison, attire des marcheurs qui parcourent les multiples sentiers de grande randonnée qui traversent la région. Avec ses 2000 habitants, Bishop's Castle offre un cadre de vie agréable. Cette commune regroupe de nombreux commerces, deux marchés, dont un d'agriculteurs locaux, un centre de soins médicaux, une bibliothèque, un bureau de poste, des banques, des restaurants et plusieurs pubs. Un nombre important d'associations anime la vie de ce bourg qui compte de nombreuses vieilles maisons à colombages. Pour les habitants des Wintles, c'est une grande chance que d'avoir tout ceci à quelques minutes à pied seulement de chez eux.

Un verger communautaire a été planté trois ans avant le début des travaux. Il est à la disposition de tous.

Le choix d'un achat aux Wintles indique une volonté de vivre avec son voisinage.

Les Wintles ont attiré deux profils d'acheteurs : l'un a la quarantaine, exerce en profession libérale depuis son domicile, a des enfants en bas âge et souhaite vivre dans un cadre rural. L'autre est plus âgé et en retraite. 80 % des maisons ont été vendues sur plan avant leur construction, ce qui souligne l'intérêt du public pour de telles réalisations.

L'électricité du site et des habitations est fournie par un opérateur vert. Lorsque toutes les habitations auront été construites et vendues, la société immobilière Living Villages laissera la place à une copropriété gérée par les habitants, qui aura la charge du site et de ses espaces verts.

D'autres Living Villages

L'architecte et directeur de Living Villages, Bob Tomlinson, qui est à l'origine de cette initiative, a été influencé par des conférences sur les questions environnementales et sociales données notamment par la Schumacher Society, une association fondée suite au succès remporté par la parution en 1973 de *Small is Beautiful*. Cet ouvrage écrit par l'économiste anglais E.F. Schumacher vante les circuits courts et les petites structures, en somme l'économie à taille humaine.

A Vision of Britain

Dans le Dorset, Poundury est un quartier qui ne peut être qualifié d'écoquartier dans le sens strict du terme. Il a cependant le mérite d'apporter des éléments intéressants qui le distinguent des lotissements ordinaires et le rendent plus agréable à vivre : une volonté d'harmoniser les constructions avec l'environnement, l'articulation de celles-ci autour de places et de jardins et un plan d'urbanisme qui lui confère son aspect village « à l'ancienne ». Côté écologique, les matériaux de construction utilisés sont dans la mesure du possible de provenance régionale, quelques maisons comportent des panneaux solaires et photovoltaïques et sont isolées avec de la laine de mouton. À l'origine de ce projet, le prince Charles qui, dans les années 1980, lance le débat sur l'architecture contemporaine et ses excès dans un livre intitulé *A Vision of Britain*, dans lequel il formule un code d'architecture pour aider à préserver le caractère et la spécificité des villes et des villages en Grande-Bretagne. En collaboration avec la municipalité de Dorchester qui souhaite construire des logements, il met en pratique ses théories et travaille à la conception de ce nouveau quartier qui doit être un lieu pour « *live, shop, work and play* » (vivre, faire ses courses, travailler et se détendre).

Les maisons de la deuxième phase sont bâties dans la pente et reliées entre elles par divers chemins piétonniers.

L'idée de Bob Tomlinson était de construire de petits écoquartiers à proximité immédiate de villages existants, une configuration qui présente des avantages : l'écoquartier ne vit pas en vase clos à l'écart de la commune, et ses habitants peuvent s'approvisionner auprès des commerces existants, ce qui facilite leur intégration dans la population locale.

Après le succès des Wintles, des projets pour d'autres Living Villages en Écosse et en Cornouailles sont en discussion. Les maisons envisagées seraient aux normes passives et alimentées en électricité avec des éoliennes installées à proximité, et suivant l'exemple des Wintles, avec un maximum d'éléments standardisés et préfabriqués, ainsi que des parements extérieurs adaptés aux traditions architecturales locales. Une initiative d'autant plus louable qu'en 2016 tous les bâtiments neufs du Royaume-Uni devront être zéro carbone.

Pour en savoir plus

- À propos de Living Village : www.livingvillage.com
- À propos de la Schumacher Society : www.schumacher.org.uk
- Le site du journaliste anglais George Monbiot permet de retrouver certains de ses textes consacrés aux questions environnementales au Royaume-Uni : www.monbiot.com
- L'étude réactualisée de Kenneth Mellandy Can Britain Feed Itself est disponible sur : http://transitionculture.org/2007/12/20/can-britain-feed-itself
- À propos du nouveau quartier de Poundbury :
  > www.duchyofcornwall.org/designanddevelopment_poundbury.htm
  > www.duchyofcornwall.org/designanddevelopment_poundbury_ecohomes.htm
  > www.bbc.co.uk/dorset/content/articles/2007/12/11/poundbury_feature.shtml

1. Située à 300 km au nord-ouest de Londres.
2. Une de 12 maisons individuelles, les autres de 9 et 19.
3. Alimenté au butane, stocké dans un vaste réservoir commun à tout le lotissement.

Chaque habitant a la possibilité d'avoir un potager sur la colline qui jouxte le quartier.

SUÈDE

Malmö

11 Ville nouvelle et modèle

Repères

- Réalisation en trois phases d'un écoquartier sur une ancienne friche industrielle. Le quartier compte 3 000 logements, des appartements et des maisons individuelles.
- Premières discussions au milieu des années 1990, inauguration de la première phase Bo01 en 2001.
- On y trouve divers types de constructions basse consommation. Les besoins énergétiques du quartier sont pourvus par 1 400 m^2 de panneaux solaires thermiques et 120 m^2 de panneaux photovoltaïques, une éolienne de 2 MW, ainsi que deux aquifères qui stockent chaleur et fraîcheur à 90 mètres sous terre.
- Parc de voitures partagées.

L'intérieur du quartier est riche de formes d'habitat différentes et de multiples espaces verts.

1. Port de plaisance
2. Piste cyclable vers le centre de Malmö
3. Restaurant Sylt & Brygga
4. Premiers bâtiments réalisés
5. Éolienne de 2 MW
située à l'est du quartier

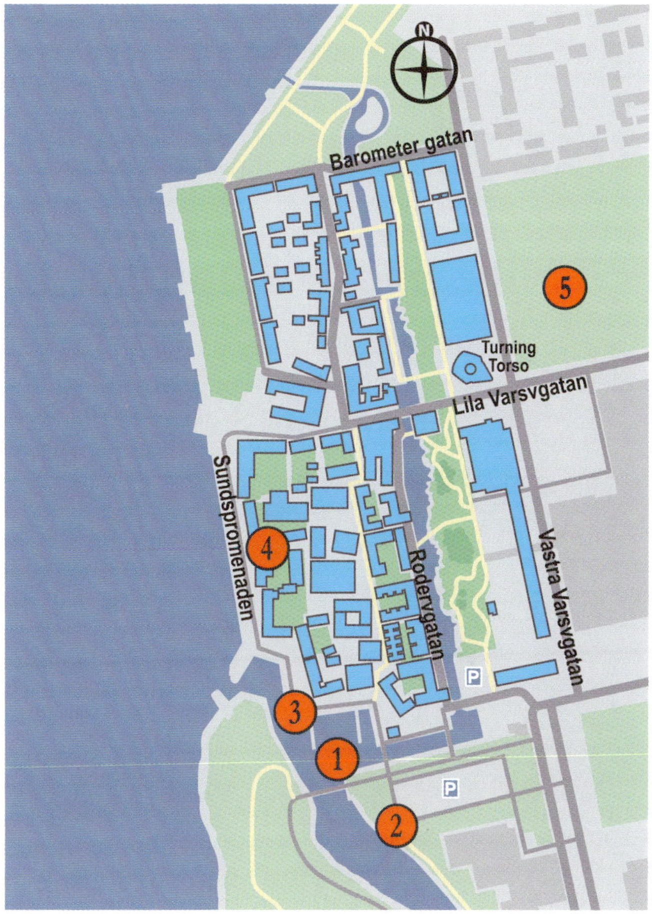

Points remarquables

- utilisation des aquifères
- zone 100 % énergies locales
- l'ancienne friche est devenue un attrait pour la ville

En 1990, Malmö, ville suédoise de 270000 habitants, est sinistrée: son chantier naval ferme et 6000 personnes perdent leur emploi. Face à cette désindustrialisation, elle réamorce le développement de sa zone portuaire par la création d'un écoquartier, Västra Hamnen (Port de l'Ouest), un lieu ouvert sur l'espace maritime qui fonctionne à 100 % aux énergies locales.

Au début des années 1990, les changements structurels intervenus dans l'industrie suédoise touchent de plein fouet l'une des villes les plus aidées de Suède[1]. Malmö, capitale de sa région, la Scanie, entend se ressaisir et tourner la page de son ancienne industrie lourde. Pour l'an 2000, elle met en chantier deux projets importants: d'une part, en collaboration avec les Danois, la création du pont qui reliera la Suède et le Danemark, et d'autre part, l'exposition « European Housing ». Organisée en 2001, cette exposition nommée Bo01[2] sera une vitrine du développement durable. On bâtira sur les anciennes friches portuaires un quartier exposition, baptisé « La Ville de demain », dont les appartements et pavillons seront ensuite vendus. Cet écoquartier offrira une bonne mixité sociale, une réflexion sur l'énergie et peu de transports individuels. Ce projet sera mené par une équipe motivée en matière environnementale, qui a compris que dans une ville qui se cherche, ce chantier est l'occasion de faire de l'exemplaire.

Avec ce nouveau quartier qui proposera dans un premier temps 1 000 unités d'habitation, la municipalité espère faire revenir vers la ville une partie des gens les plus aisés qui habitent à la campagne et travaillent à Malmö. Le retour de ces hauts revenus vers la ville lui serait bénéfique, car en Suède les impôts sont payés localement.

Une phase d'apprentissage

À partir de 1995, la municipalité planifie la transformation de l'ancienne friche industrielle de 25 hectares. Pendant trois ans, elle travaille avec 26 promoteurs et le fournisseur d'énergie local Sydkraft[3]. Elle organise des visites d'études de ce qui se fait de mieux en matière énergétique en Suède et en Allemagne. Pour le responsable du développement durable à la ville de Malmö, Trevor Graham, anglais et installé de longue date en Suède, il est important que la ville s'ouvre vers l'étranger. Ce chantier est pour les promoteurs l'occasion de découvrir les questions d'énergie, de biodiversité urbaine ou les produits polluants à bannir des chantiers.

Huit axes de travail définissent le projet Bo01 : planification urbaine, dépollution des sols, énergie, empreinte écologique, transports, espaces verts et présence de l'eau, habitat et enfin diffusion des informations. Le projet est ainsi cadré par des contraintes chiffrées[4] qui doivent assurer qualité de vie et respect de l'environnement.

Gestion innovante des déchets

Ce quartier est pensé pour être une vitrine des technologies environnementales dont certaines sont novatrices, comme ces deux techniques liées à la collecte des déchets et qui équipent l'habitat de Bo01 :

- La collecte par aspiration qui permet à l'utilisateur de déposer ses déchets triés dans différentes bouches, seules parties visibles du système. Sous terre, un tapis roulant, actionné lorsqu'un poids suffisant de déchets est déposé, les achemine vers le centre de retraitement à quelques kilomètres de là. Ce système clos et souterrain est sans odeur et réduit le passage des bennes à ordures ;
- Le broyage des déchets verts directement dans les éviers : un broyeur se met en marche à la demande et les déchets sont ensuite aspirés et dirigés vers le centre de production de biogaz.

Les bouches d'aspiration collectent les déchets triés et les orientent vers un tapis roulant souterrain, qui les achemine à son tour vers un centre de traitement.

Trevor Graham, responsable du développement durable à la ville de Malmö.

De plus, pour encourager le développement de la faune et de la flore locales, les promoteurs doivent intégrer à chaque bâtiment 10 mesures choisies dans une liste détaillée qui en compte 35. Ainsi, à titre d'exemples, mettre en place un nichoir à oiseaux par unité d'habitation, créer 1 m^2 d'étang pour 5 m^2 de surface asphaltée dans la cour, planter au moins deux variétés différentes d'arbres fruitiers pour 100 m^2 de cour…

En matière de transports, Bo01 doit être un quartier apaisé. Pour cela, la place de la voiture sera réduite et peu de parkings seront construits, avec une moyenne de 0,7 place de parking par habitant, à l'exception de la partie nord du quartier avec 1,1. Le quartier est relié au centre-ville par deux lignes de bus, dont la fréquence de passage est de 7 minutes et avec pour chaque habitation un arrêt à moins de 300 mètres. Un service de partage de voitures est disponible, avec notamment des voitures électriques Think fabriquées en Norvège. Une station-service qui distribue des carburants verts est prévue, ainsi qu'un réseau de pistes cyclables.

Du stockage dans deux aquifères

En moyenne annuelle, Västra Hamnen fonctionne à 100 % aux énergies renouvelables. Il est raccordé aux réseaux de chaleur et d'électricité de la ville de Malmö,

Malmö est aussi le siège d'un des plus importants centres européens de végétalisation des toitures.

auxquels il exporte ses surplus et auprès desquels il s'approvisionne en cas de besoin. Les technologies utilisées sont certes connues, mais leur combinaison rend le système d'autant plus original.

Bo01 est alimenté en chaleur par trois sources : une pompe à chaleur qui se sert des différences de température de l'eau de mer pour produire chaleur et froid, 1 400 m^2 de panneaux solaires thermiques (dont 200 de panneaux tubes sous vide) et le réseau de chaleur[5] de la ville qui existe depuis plus de cinquante ans et fonctionne à 60 % avec des sources renouvelables[6].

En matière d'électricité, le quartier est doté de 120 m^2 de panneaux photovoltaïques[7] qui produisent 5 000 kWh à l'année et d'une éolienne de 2 MW installée en bordure du quartier. Ces équipements alimentent en électricité l'habitat et la pompe à chaleur. Une unité de biogaz produit aussi de l'électricité en brûlant les gaz issus de la fermentation des déchets.

La grande nouveauté du système énergétique en place[8] est la création et l'utilisation de deux bassins d'eau souterraine, encore appelés aquifères, des masses d'eau qui à 90 mètres sous terre stockent l'une la chaleur et l'autre la fraîcheur. L'une accumule en été le surplus de calories produit par la pompe à chaleur et le solaire thermique et dont personne n'a alors l'usage et qui sera utilisé en hiver. L'autre stocke le froid hivernal qui sert en été à rafraîchir certains locaux.

Fin d'une polémique

De mai à juin 2001, l'exposition attire beaucoup de visiteurs. Les habitants de Malmö s'enthousiasment pour ce nouveau quartier. Ce succès fait oublier une polémique qui a enflammé la presse suédoise : l'écoquartier serait un ghetto pour riches en bord de mer. Certes, compte tenu de l'effet vitrine, certains architectes et promoteurs ont voulu montrer ce qu'ils savaient faire de mieux et le prix de certains appartements est monté très haut pour le contexte suédois. Mais avec l'ouverture de l'exposition, la polémique s'est tassée. Au final, la population de Bo01 a un revenu plus élevé que la moyenne de la ville, mais ce n'est pas le ghetto d'excès que certains craignaient. En fait, les logements sociaux n'existent pas en Suède, où un système différent est en vigueur : des aides sont accordées aux faibles revenus, indépendamment du choix de l'habitat.

Le quartier comprend une résidence pour personnes âgées et deux bâtiments pour étudiants. Pour le chef de projet à la ville de Malmö, Tor Fossum, la meilleure preuve du succès social de Västra Hamnen est le fait qu'en été, jusqu'à 15 000 personnes par jour, venant de tout Malmö, s'y promènent.

Il est cependant permis de poser la question suivante : les habitants de Västra Hamnen y sont-ils venus pour l'effet nouveauté du quartier ou pour ses aspects environnementaux ? Il semblerait que la plupart des habitants y aient emménagé pour la qualité de

L'ancienne friche industrielle a laissé la place à un quartier coloré et riche de multiples espaces verts.

La présence de l'eau et des espaces verts accentuent le rendu qualitatif du quartier.

vie du quartier. Ses spécificités environnementales sont un plus, mais pour la majorité des gens, elles n'ont pas été un élément décisif.

Bo01 offre un urbanisme de qualité qui peut être qualifié d'organique. Les rues n'y sont pas droites, des placettes apparaissent par surprise, il y a de la diversité, des jardins, l'eau y est très présente. Tout un travail de créativité urbaine a été effectué pour rendre ce lieu attractif et différent.

Certaines familles qui habitaient en périphérie de Malmö dans des maisons avec jardin ont fait le choix de s'installer dans les grands appartements de Västra Hamnen. Et ces familles arrivées avec leur mode de vie périurbain découvrent progressivement les outils à disposition qui leur permettent de développer leur engagement environnemental : les transports en commun, le partage de voitures, le marché paysan... Un sentiment d'appartenance à une communauté se développe à travers les espaces publics, les restaurants, les magasins et les cafés.

Un restaurant engagé

Le restaurant *Salt & Brygga* situé sur le front de mer de Bo01 est, sans que cela soit visible, un modèle de restauration environnementale. Le décor a été aménagé uniquement avec des matériaux propres et suédois. Les produits travaillés en cuisine sont le plus souvent locaux et bio, et les poissons issus de pêches raisonnées et certifiées. Le tout à des prix raisonnables. Le restaurant fait partie du réseau Slow Food.

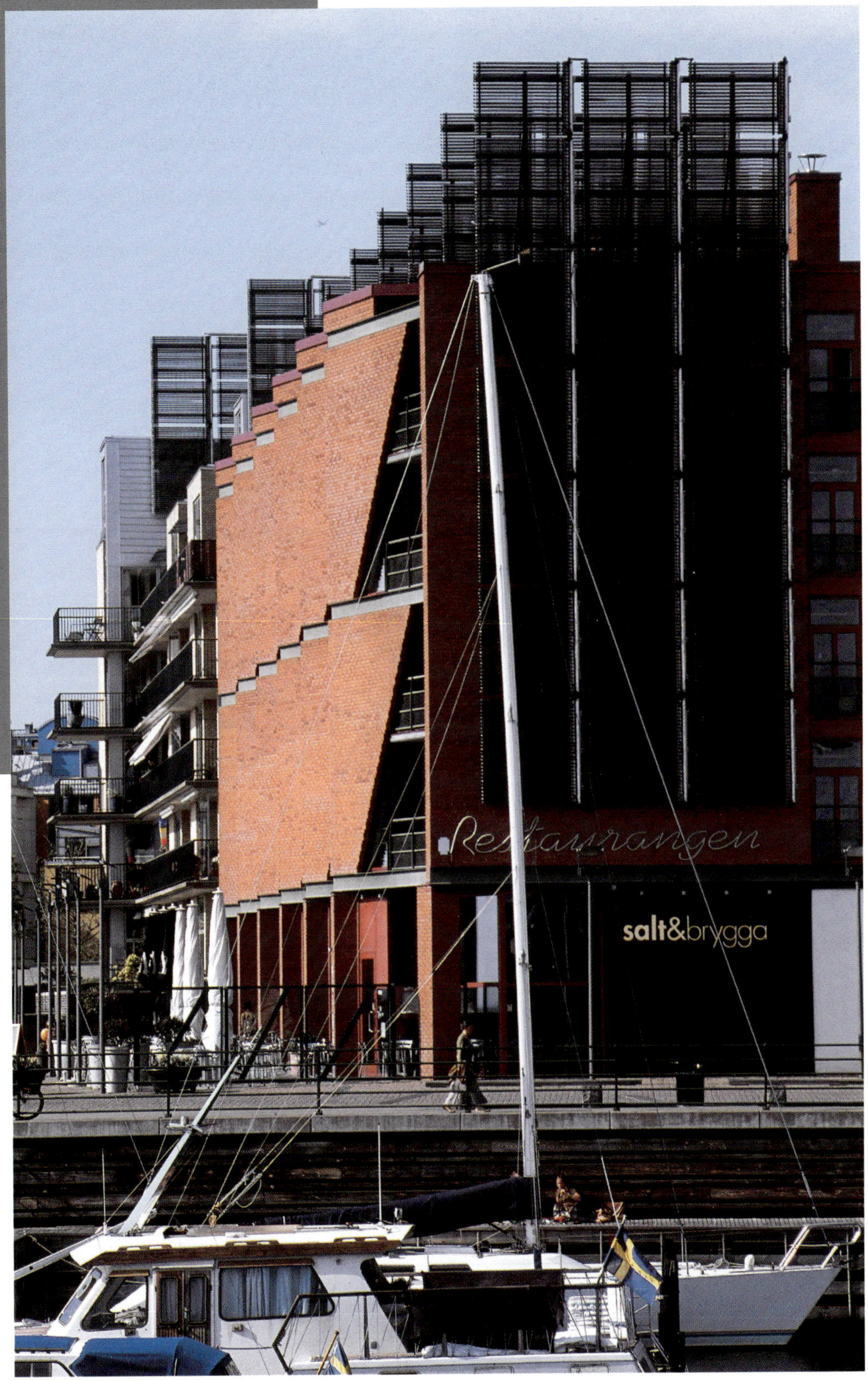

Une très importante surface de capteurs solaires thermiques sous vide est installée sur la façade de cet immeuble et sur ses toits.

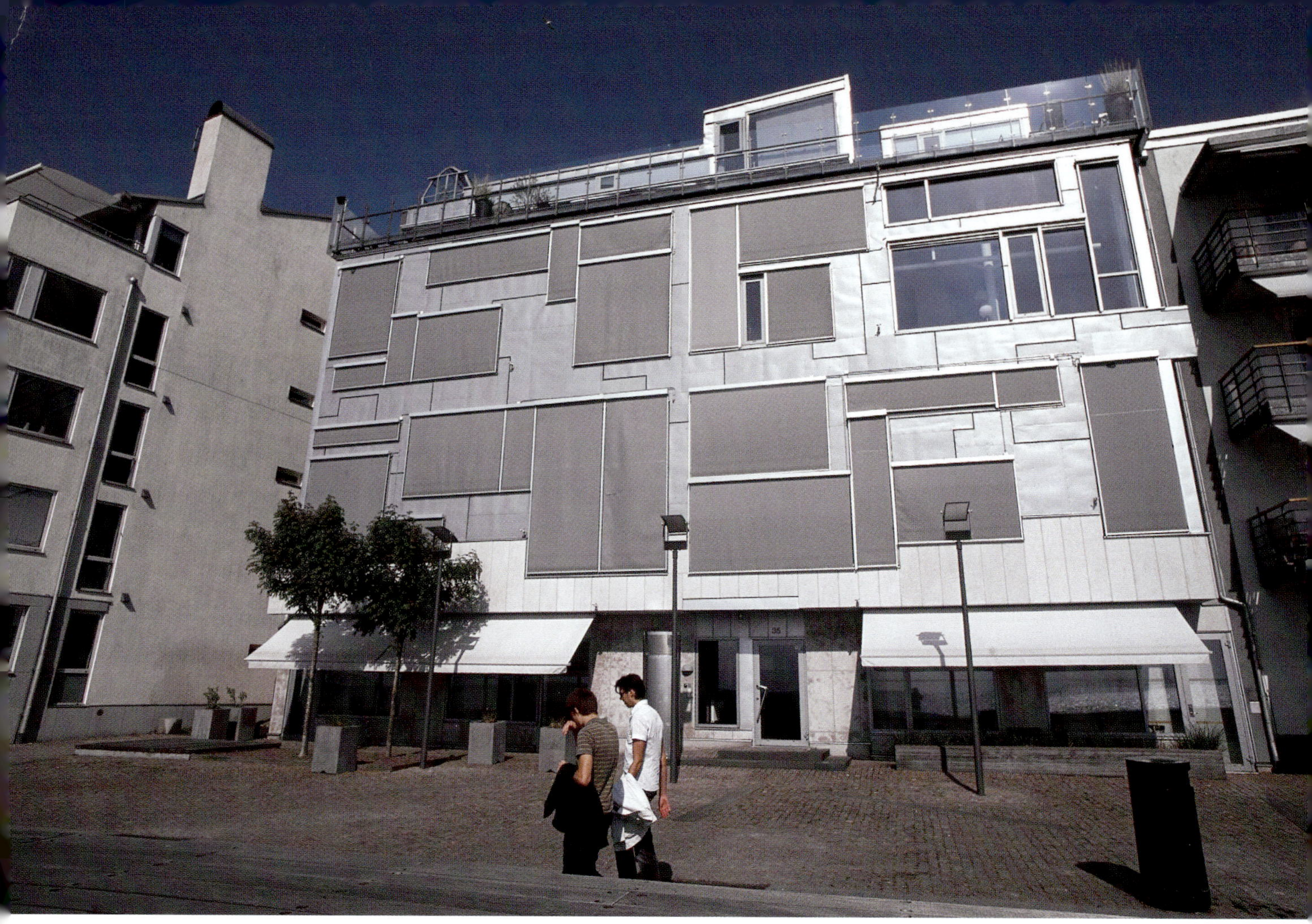

Bo01 propose des formes architecturales variées. Ainsi cette façade d'immeuble, avec ses multiples formes de fenêtres et de stores.

Influencer le Royaume-Uni

Grâce à Bo01, Malmö, ville industrielle ruinée, reçoit maintenant des visiteurs du monde entier. Le financement accordé par l'Europe[9] a été obtenu à la condition de partager l'expérience du projet avec des villes partenaires désignées : Dublin, Tallinn, Barcelone et Copenhague. Des délégations plus inattendues, venant de la Corée du Nord qui s'est intéressée au site et de Chine où des entreprises suédoises iront travailler sur des projets de villes écologiques, ont été accueillies.

La construction de Västra Hamnen a eu une influence sur le projet d'écoquartier de Stockholm, Hammarby Sjöstad, mis en route parallèlement à Bo01. De plus, si en 2016 tous les bâtiments du Royaume-Uni devront être neutres en CO_2, c'est une des conséquences des multiples visites ministérielles britanniques.

La Suède sans pétrole

Dès 2005, ce pays de 9 millions d'habitants pour 450 000 km^2, a nommé une Commission pour l'indépendance pétrolière regroupant des scientifiques, des industriels et l'administration locale. Un an plus tard, elle publiait le rapport *Faire de la Suède une société sans pétrole* qui planifie les mesures à prendre. D'ici 2020, l'efficacité énergétique du pays devra augmenter de 20 %, la consommation des automobiles diminuer d'au moins 40 %, plus aucun bâtiment ne se chauffera au fioul et l'industrie restreindra ses besoins en pétrole d'au moins 25 %.

La fin du pétrole dans l'habitat est aisément envisageable. Depuis les années 1970, la Suède développe l'utilisation de la biomasse (bois et déchets verts) et, en 1991, elle a mis en place une taxe sur les émissions de carbone qui désavantage notamment le chauffage au fioul.

En matière de transports, la Suède développe l'emploi de l'éthanol et favorise fiscalement l'utilisation de voitures « vertes ». Pour l'instant l'éthanol est en grande partie importé du Brésil, mais des recherches sont faites pour développer des biocarburants à partir du bois, les forêts couvrant 45 % du pays. D'ici 2050, la Suède sera sans pétrole et sans nucléaire.

Le vélo est mode de déplacement commun à Malmö. Ici l'un des parkings deux-roues de la gare.

Des coopératives d'habitants

Bo01 n'est que la première phase d'un vaste quartier. Deux autres tranches sont prévues qui offriront 2 000 logements supplémentaires. Hélas, la deuxième tranche a perdu en ambition énergétique et environnementale, car une fois l'exposition passée, certains promoteurs sont revenus à leurs habitudes et n'ont pas voulu être aussi progressistes qu'ils l'avaient été, en partie parce qu'il n'y avait plus de subventions. Mais la troisième tranche retrouvera plus de matière écologique.

Ces projets ont fait naître une demande nouvelle pour la Suède, celle de créer des coopératives d'habitants à Västra Hamnen, qui se proposent de construire des bâtiments de conception simple et très économes en énergie, à l'image de ce qui se fait à Fribourg-en-Brisgau.

Désormais, Malmö et sa région sont en pleine croissance. Le pont qui relie la Suède au Danemark incite des entreprises de Stockholm à venir s'installer dans la région pour bénéficier de la proximité du reste de l'Europe. La municipalité planifie au sud de la ville des quartiers neutres en carbone. Le pli est donc pris dans un pays qui, à partir de 2020, entend commencer à vivre sans pétrole.

Pour en savoir plus

- Sur la ville de Malmö : www.malmo.se
- Sur l'association Énergies-Cités à laquelle appartient Malmö : www.energies-cites.eu
- Sur l'Agence suédoise de l'énergie : www.energimyndigheten.se
- Sur l'Agence suédoise de protection de l'environnement : www.naturvardsverket.se
- Sur la Suède : www.swedenabroad.com
- Sur la voiture électrique norvégienne Think : www.think.no
- Sur l'un des plus importants centres européens de végétalisation de toitures, dans le quartier d'Augustenborg, à Malmö : www.greenroof.se
- Sur le restaurant *Salt & Brygga* : www.saltobrygga.se

1. Après les chantiers navals de Kockums, l'usine automobile Saab, également située près des chantiers navals, fermera.
2. *Bo* signifie « vivre » en suédois.
3. Qui appartient aujourd'hui au groupe énergétique allemand E-On.
4. Ainsi, les bâtiments ne doivent pas consommer plus 105 kWh/m^2/an, tous usages confondus. Ce chiffre n'est pas comparable aux données françaises, suisses ou allemandes sur la basse consommation, les hivers suédois étant plus rudes.
5. C'est un réseau de chaleur basse température : il ne fonctionne pas avec de la vapeur, mais avec de l'eau à 65 °C.
6. Dans ce cas, le terme énergie renouvelable peut prêter à discussion dans la mesure où l'incinération des déchets qui alimente le réseau de chaleur se fait avec une partie d'énergie fossile.
7. Les technologies solaires répondent à 15 % des besoins énergétiques du quartier.
8. Sa réalisation a coûté 6 millions d'euros et a été financée notamment avec 1,5 million d'euros d'aide de la Communauté européenne et 1,2 million d'euros du gouvernement suédois.
9. Obtenu en plus de subventions nationales. Au total et à des titres divers, le gouvernement suédois a accordé 25 millions d'euros au projet Bo01.

La créativité urbaine est au rendez-vous pour rendre cet écoquartier attractif et différent, avec des perspectives qui apparaissent comme par surprise.

SUISSE

Zurich

12 Immeuble coopératif dans le quartier rouge

Repères

- Rénovation d'un immeuble du centre de Zurich.
- Premières discussions en 2004, fin des travaux en 2007.
- 11 appartements dont un en rez-de-chaussée, surface habitable totale de 804 m^2. Un local commercial de 111 m^2 au rez-de-chaussée.
- Besoins énergétiques de 32,5 $kWh/m^2/an$, pourvus notamment par 17,5 m^2 de panneaux solaires thermiques et une chaudière à granulés de bois dont la puissance varie de 11 à 32 kW.

L'immeuble date de 1878 ; sa rénovation ne lui a pas fait perdre son caractère (photo prise alors que l'immeuble est encore en chantier et n'a pas retrouvé ses volets).

1. Surface commerciale en rez-de-chaussée
2. Abris à vélos
3. Partie de l'immeuble qui a été surélevée de deux étages

Point remarquable

- rénovation urbaine de grande qualité pour un immeuble que certains hésitaient à sauver

Ce n'est pas le Zurich des cartes postales avec le grand lac en premier plan et la chaîne des Alpes en fond. C'est le quartier rouge avec sa prostitution et ses problèmes de drogue. Mais en dehors de ces activités, le quartier est avant tout cosmopolite et animé, et l'immeuble du 28 Magnusstrasse, plaisant. Sauvé de la démolition par un cabinet d'architectes spécialisé dans les rénovations économes en énergie, il appartient à une société coopérative d'habitations.

Le chiffre est inattendu : 20 % des logements de la ville de Zurich appartiennent à des sociétés coopératives d'habitations[1]. Ce taux, le plus élevé de Suisse, a une explication historique. La révolution industrielle et l'exode rural qui, à partir de 1870, ont fait croître la population de la ville, ont entraîné une spéculation immobilière et une pénurie de logements pour la classe ouvrière. À la fin du XIXe siècle naissent les premières sociétés coopératives, mais il faut attendre 1907 pour que le mouvement prenne de l'ampleur grâce à une votation locale par laquelle la population zurichoise demande à la ville de financer de l'habitat pour les classes défavorisées[2].

La ville de Zurich possède un excellent réseau de transports en commun, notamment de tramways.

Une coopérative ouverte à tous

Un siècle plus tard, le mouvement coopératif est toujours présent et actif. Au fil des décennies, il a su rénover et moderniser les appartements existants et faire appel à des architectes de renom pour construire des logements en phase avec l'époque. En 1981, en réaction à la spéculation immobilière en cours, une nouvelle société coopérative est créée, Wogeno Zurich[3]. Aujourd'hui, elle possède dans la ville 56 propriétés, soit 323 appartements et quelques surfaces commerciales. Cette coopérative est ouverte à tous et ses membres sont locataires. Ils possèdent des parts dans le capital de Wogeno correspondant à un maximum de 10 % de la valeur de leur appartement. Une partie des loyers est virée sur un fonds de solidarité qui aide les coopérateurs en cas de perte d'emploi ou de maladie. Ils gèrent eux-mêmes leur copropriété.

En 2004, Wogeno Zurich acquiert un bâtiment formé de deux structures accolées, l'une de quatre étages et l'autre de deux, au numéro 28 de la Magnusstrasse dans le IVe arrondissement. Il s'agit d'un bâtiment de 1878, mal entretenu et situé en plein quartier rouge où le milieu investit dans l'immobilier. La Wogeno, dont les bureaux sont dans l'arrondissement, a choisi d'acheter cet immeuble pour 1,12 million d'euros (1,84 million de francs suisses), qui sinon serait revenu à la pègre locale. Elle organise un concours d'architectes pour la rénovation complète du bâtiment, avec un budget maximal de 1,71 million d'euros (2,8 millions de francs suisses).

Changer les toits

En août 2005, trois cabinets répondent à la demande. Le premier considère que l'immeuble est dans un trop mauvais état pour être rénové et qu'il doit être démoli et remplacé par du neuf. Le deuxième propose une rénovation classique qui conserve

Les architectes Karl Viridén et Andreas Büsser ont obtenu pour cette rénovation le Prix solaire suisse 2007 et le Watt d'or 2008.

la structure du bâtiment. Le troisième cabinet présente une rénovation innovante qui met l'accent sur l'énergie et l'environnement, mais dont le coût dépasse de 180 000 euros (300 000 francs suisses) le budget autorisé.

Ce cabinet d'architectes amène la Wogeno à porter un regard différent sur le bâtiment. Le budget de rénovation est certes plus élevé, mais il garantit par la suite une diminution conséquente des dépenses énergétiques. De plus, le projet propose de surélever la structure la plus basse, ce qui agrandit des appartements et en crée deux nouveaux, permettant ainsi la rentrée de loyers supplémentaires. La coopérative est conquise et c'est le cabinet de Karl Viridén, spécialisé dans les rénovations Minergie, qui remporte le concours. Il aura la charge de la rénovation complète du bâtiment en en conservant des éléments anciens, tels les motifs des façades sur rue, les parquets et les moulures des appartements. Cette lourde rénovation sera concentrée sur six mois.

Dès que les travaux de la Magnusstrasse commencent, les architectes se rendent compte que l'humidité a pénétré en profondeur dans le bâtiment en raison du mauvais état du toit et que des placages avaient masqué les infiltrations d'eau.

Le nouveau toit intègre 17,5 m^2 de panneaux solaires thermiques.

Les normes Minergie

Ce label suisse existe en plusieurs standards dont le principal, Minergie S, impose une consommation maximale de 38 kWh/m²/an pour le chauffage et l'eau chaude sanitaire. Minergie P, l'équivalent du standard allemand passif, exige de ne pas dépasser les 30 kWh/m²/an pour le chauffage et l'eau chaude sanitaire. Il existe aussi un standard pour la rénovation qui est 60 kWh/m²/an.

En France, la nouvelle norme Effinergie est comparable aux normes allemandes et suisses, mais avec des exigences moins fortes : la barre est à 50 kWh/m²/an pour le neuf et à 80 kWh/an/m² pour la rénovation.

Ils constatent aussi que le bâtiment a fait l'objet de plusieurs rénovations auparavant, mais que celles-ci ont été effectuées sans grand soin. Remplacer les deux toitures est donc une question vitale pour l'immeuble. Une des spécificités du cabinet Viridén consiste à faire fabriquer des toitures en entreprise. Cette technique qui demande une grande précision dans la préparation et dans la réalisation représente un gain important de temps et de coûts. Elle permet d'éviter le déplacement quotidien des artisans sur le chantier et de réduire les nuisances dans le quartier. Les structures de la surélévation et du nouveau toit de l'immeuble sont donc réalisées chez un charpentier en parallèle aux autres travaux, et prévoient l'intégration d'une terrasse et des panneaux solaires thermiques. La dizaine d'éléments en bois a été livrée et hissée en une seule journée à l'aide d'un camion-grue.

La ville de Zurich possède un vaste réseau de pistes cyclables.

Regrouper les équipements

L'immeuble comprend 11 appartements et un local commercial au rez-de-chaussée. Un étage entier est partagé par un groupe de six personnes.

L'immeuble comprend 11 appartements et un local commercial au rez-de-chaussée. L'équipe d'architectes a été jusqu'à la limite de ce qu'il était possible de conserver du caractère ancien du bâtiment, tout en lui offrant le confort moderne. Elle ne s'est pas contentée de ramener l'immeuble aux normes Minergie applicables aux rénovations (un maximum de 80 kWh/m^2/an) mais a appliqué les normes beaucoup plus faibles du neuf (un maximum de 42 kWh/m^2/an)[4]. L'immeuble consomme en fait 32,5 kWh/m^2/an, soit six fois moins que la consommation énergétique de l'ancienne structure (ces normes ont été revues à la baisse au 1.01.08, voir encadré page précédente). Le toit est particulièrement bien isolé avec 36 cm de laine de roche, ainsi que les façades sur cour, avec une isolation par l'extérieur de 28 cm. Même si l'orientation était peu favorable, le toit intègre 17,5 m^2 de panneaux solaires qui, en moyenne annuelle, produisent 15 % des besoins en eau chaude et en chauffage. Ils viennent donc en complément de la chaudière qui est un modèle à granulés de bois[5]. Les fenêtres sont en triple vitrage qui apporte autant un confort thermique qu'une excellente isolation phonique. Une ventilation double flux équipe l'ensemble du bâtiment[6]. Du 1er au 4e étage, chaque appartement dispose d'un large balcon sur cour de 10 m^2. Il s'agit en fait d'une structure métallique posée au sol, appuyée contre la façade et fixée à celle-ci par quelques points d'ancrage, afin de ne pas constituer de ponts thermiques[7].

Pour éviter une trop grande utilisation de cuivre pour les alimentations en eau, les pièces humides sont regroupées dans une même partie des appartements. Le positionnement des radiateurs est également étudié pour éviter de grandes longueurs de conduites en cuivre. Un emplacement central de ces éléments a réduit aussi les interventions sur les murs, les surfaces à plâtrer et donc les coûts induits. Les peintures et les traitements des parquets ont été réalisés avec des produits propres. Les matériaux sont d'origine locale.

Daniel Keller et Ingrid Berney ont un balcon gorgé de plantes vertes.

Des locataires impliqués

Parmi les locataires de l'immeuble, on trouve notamment trois familles avec enfants, un couple de personnes âgées et un appartement partagé par six personnes. Avant d'emménager dans la Magnusstrasse, Daniel Keller et Ingrid Berney, paysagistes (Ingrid est également illustratrice), ont habité huit ans dans une résidence, propriété du groupe Migros, qui possède également une importante chaine de supermarchés. L'ambiance était anonyme et, malgré les tentatives de quelques locataires pour changer les choses, le gestionnaire n'a jamais voulu rendre le lieu plus convivial. Cela a d'autant plus surpris ce couple que la Migros communique beaucoup dans le domaine du développement durable. Cet anonymat pesant les a incités à regarder vers les sociétés coopératives d'habitation. Après diverses recherches, ils se sont intéressés à Wogeno. Ils habitent désormais un quatre-pièces de 104 m^2, pour lequel ils payent un loyer de 2 300 francs

Une présentation en avance sur son temps

Pour Karl Viridén, toute construction neuve endommage l'environnement, mais à l'inverse les rénovations de type Minergie présentent un véritable gain environnemental, puisque les dommages engendrés par la fabrication et l'utilisation de matériaux sont compensés par des économies d'énergie importantes. Son cabinet d'une dizaine de personnes travaille essentiellement sur Zurich et Bâle et est spécialisé dans des rénovations réalisées sur une courte période de temps, notamment pour des maisons individuelles dont les parties habitées sont refaites en quelques semaines, pendant les vacances des occupants. Une telle performance demande une excellente préparation et une parfaite coordination du chantier. Cet architecte de 45 ans a plus de 50 rénovations derrière lui.

En avril 2005, lors du concours d'architectes, il a présenté à Wogeno différents scénarios de rénovation : la consommation du vieux bâtiment, qui était de 28 litres de fioul par m^2 et par an, pouvait être ramenée à 18 avec une rénovation aux normes zurichoises en vigueur[8], et pouvait descendre jusqu'à 11 litres avec une rénovation aux normes Minergie applicables aux bâtiments anciens. Il a expliqué qu'il était possible de faire encore mieux et de cibler les normes Minergie pour constructions neuves, soit 4 litres de fioul par m^2 et par an, ou encore d'accéder aux valeurs du Minergie Passif, soit 2 litres par m^2 et par an[9]. L'architecte a chiffré par appartement le montant de ces différents scénarios de rénovation et les consommations énergétiques correspondantes, sur la base d'un pétrole à 40, 80 et 120 dollars le baril. Présenter ce dernier chiffre était osé, le pétrole valait alors 40 $ le baril...

La rénovation et modernisation énergétique de cet immeuble de 1878 a été très suivie par les services du patrimoine de la ville de Zurich.

suisses par mois, tout compris, ce qui est de 10 % inférieur à la moyenne zurichoise pour un logement de qualité et une localisation centrale. Auparavant, ils payaient 1 600 francs suisses pour 65 m^2. Ils apprécient le fait que tous les occupants de l'immeuble aient emménagé en même temps et que personne n'ait de l'ancienneté. Ils sont conscients également qu'être dans une coopérative leur garantit de pouvoir occuper les lieux aussi longtemps qu'ils le souhaitent. Dans la copropriété, Daniel a la charge de surveiller certaines installations, dont la chaudière à granulés de bois pour laquelle il passe lui-même les commandes de combustible. Ingrid s'occupe du secrétariat du conseil syndical. Les appareils électroménagers qui équipent leur appartement sont très économes en énergie et, bien qu'ils aient pour la première fois un lave-vaisselle à disposition, leur consommation d'électricité est de 20 % inférieure à celle de leur appartement précédent. Très engagé sur les questions environnementales, ce couple qui ne possède pas de voiture, ne prend pas l'avion et fait ses courses sur les marchés, loue pour 350 francs suisses par an un jardin potager de 200 m^2 à quelques minutes de leur domicile.

Roger Schärer a vécu pendant six ans dans un grand appartement partagé avec trois autres personnes. Cet ancien délégué des locataires qui allait régulièrement devant

Quatre des six personnes qui se partagent les deux appartements du deuxième étage (Colette Baumann est à gauche). La deuxième cuisine a été transformée en bibliothèque/salle de musique, où les disques sont rangés dans le four !

une cellule de conciliation se plaindre des pratiques d'un propriétaire négligent, est désormais président du conseil syndical. Avec sa compagne Kornelia Gysel, il habite pour la première fois dans un appartement où tout fonctionne, et pour lui, l'avantage de la structure coopérative est de pouvoir décider entre habitants de la gestion de l'immeuble et ce dans un cadre qui n'est pas celui d'une gestion financière spéculative. Pour ces deux architectes diplômés en 2003, vivre dans un bâtiment Minergie est une leçon de choses. Nombre de leurs collègues viennent les voir pour se rendre compte du fonctionnement d'une ventilation double flux ou de l'épaisseur des isolations. Pour Kornelia, le fait d'habiter dans une coopérative permet de ne pas dépendre du secteur immobilier et de ses dérives commerciales. C'est un choix politique.

Quant à nos habitants de l'appartement partagé, ils étaient auparavant onze à vivre dans un pavillon partagé, mais après six ans de vie commune, leur bail est arrivé à échéance et ils ont dû quitter les lieux. Ils ont tenté d'acheter une maison, mais n'ont pas réussi à obtenir de crédit même auprès de structures coopératives. Dans leur nouveau domicile, ils sont désormais six, entre 30 et 36 ans, à occuper un étage entier de l'immeuble. Les loyers varient de 550 à 800 francs suisses en fonction de la surface occupée par chacun. Pour Colette Baumann, éducatrice dans l'environnement, le choix de vivre en groupe débute souvent pour des raisons économiques et se poursuit pour

Roger Schärer et Kornelia Gysel, un couple d'architectes. Roger est président du conseil syndical de l'immeuble.

des raisons d'affinités. S'il arrive à l'un d'entre eux de regretter le côté bohème des vieux immeubles et les faibles loyers, quelqu'un rappelle à juste titre qu'un faible loyer rime souvent avec des factures énergétiques élevées.

Cette rénovation a été récompensée par deux prix, le prix Solaire suisse 2007, décerné par l'Agence solaire suisse, ainsi que le Watt d'or 2008, décerné par l'Office fédéral de l'énergie. Ces deux gratifications récompensent les meilleurs projets énergétiques en catégorie bâtiment. Elles sont données autant au cabinet d'architectes qu'à Wogeno Zurich pour son engagement en faveur d'une réalisation de qualité. Ces prix représentent une reconnaissance du travail de rénovation de la part des milieux du bâtiment qui s'attardent rarement sur le secteur de la réhabilitation. Celle-ci a d'ailleurs été particulièrement suivie par les services du patrimoine de la ville.

Cette rénovation complète est aussi une première pour Wogeno Zurich. Jusqu'ici, elle n'avait eu l'occasion de faire que des interventions partielles, qui en matière énergétique ont leurs limites, car mises en œuvre de façon ponctuelle et sans concept général. En suivant ce chantier, les sociétaires de Wogeno ont compris la valeur de la réflexion énergétique globale pour les bâtiments dont ils ont la charge.

La terrasse de l'immeuble permet à ses habitants d'y prendre des repas en commun.

Pour en savoir plus

- Sur le cabinet Karl Viridén : www.viriden-partner.ch
- Sur Wogeno : www.wogeno.ch, la rubrique « mitglieder » renvoie vers des sites de coopératives d'habitations francophones
- Sur Minergie : www.minergie.com, www.minergie.fr et www.minergie.ch
- Sur Watt d'or : http://www.bfe.admin.ch/org/00483/00638/index.html?lang=fr
- Sur le prix Solaire suisse : www.solaragency.org
- À propos des normes énergétiques applicables dans le canton de Zurich : www.energie.zh.ch puis « energetische Bauvorschriften »
- www.effinergie.org
- À lire : *Wohnen morgen, Standortbestimmung und Perspektiven des gemeinnützigen Wohnungsbaus ; Stadt Zürich, Schweizerischer Verband für Wohnungswesen, Verlag Neue Zürcher Zeitung*, Zurich, 2008 (voir www.nzz-libro.ch)

---

1. *Wohngenossenschaften* en allemand.
2. La votation a eu lieu le 21 avril 1907. À 70 %, la population accepte qu'un crédit de 2,5 millions de francs suisses soit alloué à la construction de logements bon marché.
3. Wogeno est un raccourci de *Wohngenossenschaft*.
4. Ces normes ont été revues à la baisse au 1er janvier 2008. Pour les constructions neuves, la norme Minergie de base est passée de 42 à 38 kWh/m²/an, pour les rénovations de 80 à 60 kWh/m²/an. Le reste des normes n'a pas changé.
5. La puissance de la chaudière est de 11-32 kW.
6. Dans le but d'éviter des déperditions de chaleur et compte tenu de l'efficacité de ce type de ventilation permanente, le règlement intérieur de l'immeuble stipule de ne pas ouvrir les fenêtres en hiver.
7. Un balcon classique est la prolongation en béton ou en bois d'un plancher vers l'extérieur. En hiver, cette avancée permet au froid de rentrer dans l'habitation par le sol, d'où l'intérêt de couper cette avancée et de la remplacer par une structure de balcon posée au sol et appuyée contre la façade en quelques points.
8. Chaque canton suisse a ses propres normes en matière de construction et de rénovation.
9. Un litre de fioul correspond à 10 kWh.

Index

Déjà parus aux éditions Terre vivante

La conception bioclimatique
Des maisons confortables et économes
Jean-Pierre Oliva et Samuel Courgey

Habitat groupé
Ecologie, partage, convivialité
Christian La Grange

Jardins partagés
Utopie, écologie, conseils pratiques
Laurence Baudelet, Alice Le Roy, Frédérique Basset

Cabanons à vivre
Rêverie, écologie, conseils pratiques
Christian La Grange

Habitat plume
Mobile, léger, écologique
Christian La Grange

Maisons écologiques d'aujourd'hui
Claude Aubert, Jean-Pierre Oliva, Antoine Bosse-Platière

Ma maison solaire, ici et maintenant
Produire chaleur et électricité
Philippe Lequenne

Matériaux écologiques d'intérieur
Aménagement, finition, décoration
Jean-Claude et Manuel Mengoni

Guide des énergies vertes pour la maison
Patrick Piro

Bâtir écologique
Chronique d'une construction en bois
Emmanuel Carcano

Découvrez les autres titres édités par Terre vivante sur le bien-être et l'alimentation, le jardinage biologique, l'écologie pratique au quotidien et l'habitat sain sur
www.terrevivante.org

Imprimé en région Rhône-Alpes, sur papier certifié, fabriqué à partir de pâte à papier issue de forêts exploitées en gestion durable. L'encre utilisée est à base d'huiles végétales. L'imprimerie adopte une démarche environnementale progressiste certifiée par la marque Imprim'vert.

Achevé d'imprimer en France par Loire Offset Titoulet à Saint-Etienne.
N° 41922 – Dépôt légal : mai 2009